CENTERED RIDING

センタード・ライディング

サリー・スウィフト

監修・渡辺 弘　翻訳・阿部 二葉

CENTERED RIDING © 1985 Sarah R. Swift
Photographs by Mike Noble
Drawings by Jean McFarland

A Trafalgar Square Farm Book より発行された CENTERED RIDING の日本語独占翻訳権は、株式会社アニマル・メディア社が保有します。

CONTENTS

謝　辞 v
日本語版刊行によせて vii
序　文 viii
監修者のことば ix

1. はじめに　　　　　　　　　　　　　　　　1
Introducing Centered Riding

2. 自分が馬だと思ってみよう　　　　　　　　5
Pretend You are a Horse

3. 4つの基本　　　　　　　　　　　　　　　10
The Four Basics

4. 習得と脳　　　　　　　　　　　　　　　　24
Learning and the Brain

5. 解剖学　　　　　　　　　　　　　　　　　32
Anatomy

6. バランスと体の自由　　　　　　　　　　　51
Balance and Body Freedom

7. 常歩と騎坐の随伴　　　　　　　　　　　　58
Walk and the Following Seat

8. 軽速歩　　　　　　　　　　　　　　　　　66
Rising (Posting) Trot

9. 拳　　　　　　　　　　　　　　　　　　　76
Hands

10. 移行　　　　　　　　　　　　　　　　　　86
Transitions

11. 速歩　　　　　　　　　　　　　　　　　　96
Sitting Trot

CONTENTS

12. 輪乗りと回転　　　　　　　　　　　　　　**104**
Circles and Turns

13. 半停止とセルフキャリッジ　　　　　　　　**116**
Half Halts and Self-Carriage

14. 駈歩　　　　　　　　　　　　　　　　　　**125**
The Canter

15. エネルギーの力　　　　　　　　　　　　　**132**
Forces of Energy

16. 歩幅を伸ばす　　　　　　　　　　　　　　**143**
Lengthening Stride

17. 横運動　　　　　　　　　　　　　　　　　**150**
Lateral Work

18. 障害飛越　　　　　　　　　　　　　　　　**164**
Jumping

19. 馬を柔軟にする　　　　　　　　　　　　　**178**
Suppling the Horse

20. まとめ　　　　　　　　　　　　　　　　　**181**
Summary

付録1　馬場馬術の経路を踏む　　　　　　　　　**184**
Riding a Dressage Test

付録2　**インストラクターの手引き**──生徒の脚を伸ばす──　**187**
Instructors' Guide to Leg-Lengthening

翻訳者あとがき　　　　　　　　　　　　　　　　190
索　引　　　　　　　　　　　　　　　　　　　　192

Acknowledgments

謝　辞

　この本の出版の実現に手助けをしてくれた人々へ感謝を捧げます。私自身の体について多くを教えてくれ、人生の長い時間、馬に乗ることを可能にしてくれた、メイベル・エルスワード・トッドへ。彼女はセンタリングの最初の知識を教え込んでくれました。その知識を広げてくれたジーン・ギブソンへ。そしてピーター・ペイネには最も大きな感謝を。彼はこの４年間、アレクサンダー・テクニークを通して辛抱強く私の体を再建し、そのおかげで私は働き続けることができました。彼は様々な方法で教育に対する視野を豊かにしてくれ、この本の技術的なイラストに貴重なアドバイスをくれました。

　自由で柔らかい馬の動きの微妙な感覚と素晴らしさを、最初に暗示してくれたドリス・エディーへ。扉を開けてくれたトム・ポーリンへ。彼が素晴らしい、高いレベルの馬の鑑賞者となるように導いてくれなかったら、扉は私に向かって開かれることはなかったでしょう。プリシラ・ハーガーシャイマーへ。私は来る日も来る日も、何時間も彼女の馬場の傍らで、メジャー・ハンス・ウインクとウォルター・クリスティンソンの知識と教えを吸収しました。彼らにもまた感謝を捧げます。デニー・エマーソンへ。彼の静かなサポートと、「書き記しなさい」という大きな後押し、また最後には『序文』を書いてくれたことに。

　私の考えを実践する研究所としてハンティングトン農場を使わせてくれたエシーとリードパーキンへ。この本のほとんどの写真が撮られたタマラックヒル農場のデニーへもう一度感謝を。そして彼の奥さんのメイへ。そしてズライカ農場のジルとチャールズ・ブロンソンに。長い間私の喜びであり、熱心な応援者であった数え切れない友人達へ。

　熟練したイラストと、それらを何回も、ほんの少し直して欲しいという希望に忍耐強く対応してくれたジーン・マクファーランドへ。何時間も忍耐強く熱心に2,600枚もの写真を撮り、処理してくれたマイク・ノーブルへ。頼りになり、また忍耐強い被写体となってくれたジェーン・アシュレーへ。そしてタラとジョージ・プリンスへ。

　この本の原稿を上手く判読してタイプしてくれたハンティー・ハスハイゲンへ。混乱していた原稿に順序をつけるのに長い間熱心に働いてくれたカレン・マコーロンへ。初期の編集に何時間も費やしてくれた、そして後に本をこんなに上品にデザインしてくれたマーク・ギャバーへ。

　最後に最も重要な、この本を出版するすべてにおいて、その他の細かな作業と、言い表せないほど長時間、几帳面な編集を通して、実際にこの本を作ることを可能にしてくれたキャロライン・ロビンスへ感謝を捧げます。

何年にもわたって励まし続けてくれた
姉アグネス・スウィフト
そして友ローサ・タイロンへ
感謝の意を捧げます

日本語版刊行によせて

　私は長い年月を経て、馬とライダーの間には素晴らしい調和があるだろうという強い確信を持つようになりました。というのは、若い頃に、解剖学の知識と共に、自分の体について多くのこと、そして自分の心が体の動きにどのように影響するかについて学んできたからです。私はセンター（体の中心）を使うことに熟練するようになり、良い方向にせよ悪い方向にせよ、どのように馬がライダーの体の変化に直ちに反応するのか、また反応できるのかを発見しました。この本で語られる「4つの基本」を身につけることにより、バランスのとれた柔軟なライダーが生まれ、次にバランスのとれた柔軟な馬が生まれるでしょう。

　私は自分が正しいと確信しています。驚きかつ嬉しいことには、私の方法は、ライダーを従来の乗馬指導とは異なった道を通るように導きますが、ゴールは同じであり、その結果はクラシカルな馬術と同じものになると広く認められています。

　また、この本をまとめた当時は、禅について何も知らなかったにもかかわらず、私の教えは禅の教えと同じだとも言われています。ですから、西欧で広く知られるようになった私の本が、今度は日本、そして東洋で読まれるようになったことをとても嬉しく思っています。

Sally Swift

Foreword

序　文

　私達のほとんどが、成功の達成は、それに費やした努力に正比例するという、清教徒の勤労倫理を徹底的に植えつけられてきました。学校に入学した時から、「成績を上げるためにはもっと勉強しなければならない」と、「フットボールチームのメンバーになるためには、腕立てふせの回数をもっと多くしたり、もっと何周も走るように」と言われます。『努力しなければ成功はない』。そこで私たちは、飛ぶことに臆病な生き物であり、勤労倫理などは全く知らず、それを気にするようなことも全くない馬に飛び乗り、狂ったように乗り回すのです。努力しようとする動きでさえ、緊張と硬さをもたらします。馬は私達のストレスに彼らのストレスで反応し、その結果は、らせん階段をころげ落ちていくように、どんどん状況は悪化していくのです。

　サリー・スウィフトは静かな英智と優しい理解で、私たちの習慣的な反応を再考するように求め、そして乗馬への取り組み方と馬のトレーニング法を変えていきます。

　馬との間に生じる問題の主な原因を理解するには、乗馬の歴史を知る必要があります。ヨーロッパではクラシカル・ライディングの流儀は、通常軍人によって教えられました。未熟な新兵は調教された馬に乗せられ、しばしば調馬索で1日に何時間も『良い騎座』を会得するまで訓練されました。それはたくさんの落伍者をもたらす適者生存でした。新兵は動く馬の肉体的な痛みと、金切り声のインストラクターの感情的な痛みに打ち勝たなければなりませんでした。もし新兵が、肉体のストレスを和らげるために姿勢を悪くすると、言葉による矯正の矢を浴びることになりました。何カ月もの間、少しずつ、そのプログラムに耐えた新兵は、乗馬を修得しました。彼は動く馬体に適合するために、自分の体が解剖学的に何をしていたかを知らなかったでしょう。しかし彼はその動きの一部になっていました。このシステムは素晴らしい効果をあげるものですが、それには何百時間も費やし、また多数の馬、そして良いインストラクターと常に接触することを必要とします。

　サリー・スウィフトは、人と馬の解剖学的な詳細な知識を用いる伝統的乗馬の教え方と、分析的ではあってもリラックスした人と馬のアプローチとの間に橋渡しをしたのです。もし人々が、自分の体がどのように動くか、馬はどのように動くか、どのように両方が影響し合うかを理解することができるのなら、そこから先も見えず終わりもない道のりの中の少なくとも一部を省略して近道することが可能である、とサリー・スウィフトは考えています。

　この本は、ある意味では、彼女のレッスンに助けられ、さらにそれを書き留めて是非書物にするようにと、彼女に力説した私達に対するサリーの答えであります。この本の読者は、ページをめくりながら、生徒となり得た幸運な人達に対してサリーが与えたものと同じ精神、英智、優しさ、そして常識を感じとるものと、私は信じています。

U.S. Combined Association 代表
1974年世界選手権、1976年オリンピック
アメリカ馬術チームメンバー
エドワード・E・エマーソン Jr.

監修者のことば

　最近ではどのようなスポーツにおいても、科学的な裏付けを元に指導が行われるようになり、飛躍的な発展がなされています。しかし、乗馬での多くの動作、感覚は非日常的なことであるため、単に科学的な裏付けだけではなく、正しく理解できるように指導するのは至難のことです。このことは乗馬を習う者、指導する者にとって大きな問題です。

　この問題を解決する大きな助けとなるのが、本書「センタード・ライディング」です。

　この本は未知の感覚を既知のものに置き換えて説明したり、誰もが思い浮かべるイメージを的確に表現することにより、正しく理解することを容易にしています。

　初心者が乗馬を楽しく安全に上達するためにはもちろん、上級者においても、今までの乗馬に対する考えを一新し、新たな世界を切り開くものとして期待できます。

　特に、この本の題名でもあり、大きなポイントでもあるセンターこそが人馬一体の根源であることを教えてくれます。

　乗馬は力ではなく、人馬の調和であることを、身をもって教えてくれる本です。

日本中央競馬会
渡辺　弘

● 訳　注 ●

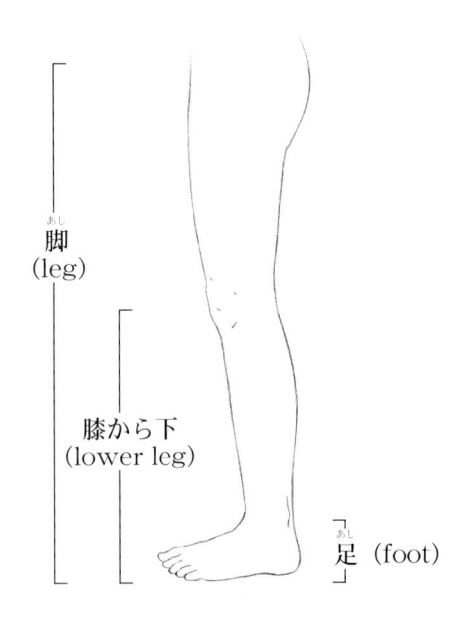

脚(leg)

膝から下
(lower leg)

足(foot)

　本書では人体の名称を左図のように表記しました。脚という字は馬術用語では脚(きゃく)と読ませ、膝から下を指しますが、本書では基本的に脚(あし)と読ませて、legの訳として下肢全体の意味で使っています。

Introducing Centered Riding

はじめに

　この本は、馬の乗り方だけを教える本ではありません。乗り方を教えた素晴らしい本は世の中にたくさんあります。私は、精神的、身体的なイメージをベースにした新しい乗馬へのアプローチを長い年月をかけて築き上げてきましたので、これをすべてのライダーに提案したいと思います。ライダーと馬の完全な体のバランスと、内面の自覚によるセンター（体の中心）からのアプローチです。

　この本で説明するテクニックは、馬場馬術のトレーニングに適用されるものが多いのですが、馬場馬術愛好者のためだけの本ではないことを強調したいと思います。これは、すべてのライダーのための本であり、ここで説明するテクニックはどれも、障害飛越やハンティング、そして外乗を好む人達すべて平等に当てはまります。私は馬場馬術という言葉をトレーニングという意味で使っています。ここでは、あらゆる乗馬スポーツに向けた馬と乗り手のトレーニングについて重点的に採り上げています。私は、読者が今まで気付いていなかった内面の自覚に基づく、ライダーと馬との関係を教えていきます。

　初心者や初級のライダーは、熟練のライダーのように人馬の微妙な関係を習得するまでには至っていないでしょう。しかしこういった感覚を身に付ければ、技術が向上し、ライディング・パフォーマンスが高まります。中級のライダーならば、これらのイメージと運動は、技術や能力を磨き、そして変えていく特別な魔法となるでしょう。

体の動かし方を学ぶ

　すぐれたライダーは、生まれつきバランスと筋肉の協調性を備えていることが多く、体の各部の動かし方などは考えません。こうしたいと思ったとおりに体が動いてくれるのです。生まれつき筋肉の協調性を持っているので、足の動かし方、呼吸の仕方、バランスの取り方を学ぶ必要がありません。どれも自然にできるのです。そのため、こういっ

た人が筋肉の動きの協調性のない人に、体の各部の動かし方を説明することは、彼らにとって難しいことなのです。

子供の頃、私はバランスが良くありませんでした。背中に疾患があったために、乗馬を習う時には、いつも大変な苦労をしたものです。私は厄介な体とのつきあい方を特別に教えられました。この本で紹介した方法は、この体をコントロールする方法を学んだ経験を通じて得たものを、さらに発展させたものです。私は背中に問題があったため、ライダーの体の機能やその効率を上げるために何ができるかを一生懸命考えました。

私は8歳の時に脊柱側湾症と診断されました。おそらく小児麻痺によるものだろうということでした。背中の治療と矯正のために、8歳から20代前半までボストンのメイベル・エルスワース・トッド先生のもとに通いました。トッド先生の論理の前提は、私たちが単に腕や足を動かすだけでは活性化できないほど深く内なる筋肉を、心でコントロールできるということでした。トッド先生は、『思考する体 (The Thinking Body)』という本を書いていますが、このタイトルから先生のアプローチ法がよくわかります。先生は、解剖学についていろいろと教えてくれました。骨格標本がいつも傍にかかっていて、筋肉がどのように見え、どのように働くかをしばしば示してくれました。先生はまた、しゃがむ、アヒルのように歩く、階段を上る時に想像上のワニのしっぽが地面をひきずる、などたくさんのイメージを使いました。こうして私は、解剖学とイメージの教えに囲まれて育ちました。

私は13歳の頃から体の右側が発達しすぎました。これに対応して先生は、私に左手でものを書くように、また、右手を使う必要のあるスポーツをすべてあきらめるように教えました。しかし先生は、ある種の肉体的活動を楽しむことが重要であることもわかっていました。私がずっと馬に情熱を傾けていることを知っていたため、馬に乗ることを勧めたのです。乗馬は、体の左右を均等に使うために、素晴らしい治療法になりました。その一方で、トッド先生は、革と鋼の支えのついたコルセットを作る整形外科医を紹介してくれ、私は長年これを使っています。何回かひどい落馬をしましたが、コルセットのおかげで背中にけがをすることはありませんでした。

左右の脚を均等に使えるようになるにつれて、貧弱な体の筋肉が鍛えられ、偏った筋肉の緊張状態もバランスがと

れるようになってきました。脊椎側湾症ではほとんどの場合、体の中心が一方に傾いてしまうのですが、トッド先生のトレーニングにより矯正され、そうしたことを防ぐことができました。私の頭の頂部は常に骨盤の上にあり、どちらか一方に偏ることはありませんでした。私のような状況に置かれた人は、ギプスを付けられたり、背骨が癒着したり、そのほか不愉快な経験をすることがよくありますが、私は幸いそういう経験をしないですみました。馬の上で長年、大きな幸福を味わうことができたのです。

私は、学校を卒業した後、12年間乗馬を教え、その後30年間、別の仕事に従事しました。1967年になると、トッド先生から教わったエクササイズを続けていたにもかかわらず、背中の状態が悪化しました。立っていると体が傾くし、頻繁に痛みを感じるようになってしまったのです。この頃、ロンドンでトッド先生と同じような治療をしているジーン・ギブソンに会い、年に2週間ずつ、3年間彼女のもとで学びました。この期間に私は集中して情報を得たのです。ジーンは、体の各部がそれぞれ下半身の上で正確にバランスをとっているべきこと、関節を完全に動かすべきことを強調しています。そうすることによって、体の他の部分も緊張や余分な疲労を感じることなく、また、バランスとリズムをとって動かすことができると考えたのです。私は、ジーンの言っていることが乗馬にも当てはまることにすぐに気付き、彼女のやり方を最大限に自分の教え方に取り入れました。ジーン・ギブソンは、もう一度、私をまっすぐな状態にし、私の体を再調整するという責任を果たしてくれました。その結果、矯正具を着けていてもほとんど痛みを感じることなく、教えている時は以前のように非常に健康で幸福になりました。

東洋の武術、アレクサンダー・テクニーク

現在私はバーモント州ブラッテルボロに住み、ピーター・ペイネと働いています。ピーターは、武道や他のボディ・コントロールのための技術を広範囲にわたり習得して、アレクサンダー・テクニーク（姿勢と動きの特別な関係と共に、より優れたバランスと調和をもたせるよう心と体を再教育する技法）を全課程きわめました。こうしたことから、私は不安定になりがちな背中の力やバランスを再建することができたばかりでなく、乗馬教師としての技術に関する知識を広げることができました。

20代の頃、トッド先生の治療により、私はセンター（体の中心）に乗っているとより良いバランスで座ることができ、馬の反応が良くなることに気が付きました。その後もジーン・ギブソンのおかげで、センターのコントロールと、呼吸とバランスの大切さを非常に強く認識しました。私はますます、一般の人々の乗馬に対する知識に大きなギャップがあることに気付き始めました。すぐれたライダーやインストラクターは、生まれつき様々な筋肉の運動を協調させることができるので、体をどのように「あやつる」べきかを他人に教えようとはしません。どう「する」べきかしか教えないのです。これに対して、体の障害と戦っている我々のような人は、それぞれの筋肉の運動をどのように協調させれば良いかを、教えたり説明したりすることが簡単にできるのです。

ジョージ・レオナルドは、著書『究極の運動家（The Ultimate Athlete）』で完璧な運動家を追求し、センターのコントロールを基本とする東洋の武道からたくさんの発見をしています。また、『センタード・スキーヤー（Centered Skier）』という本の中では、デニス・マクルゲージがセンターのコントロールによるスキーの教授法を説いていて、これは私が乗馬を教える時にほぼ完璧に繰り返しているものです。デニスもまた、武道の影響を受け、あらゆる武道の基礎である太極拳を学んできています。私は、新しいことなど何一つ教えていないことに気付きました。私はセンターをコントロールすることの大切さと、正しい呼吸法、バランスのとれた体からくる落ち着きの必要性を発見しましたが、実はこれらの概念の多くは2千年も前に東洋から伝わったものだったのです。

それは、自分の体の動かし方や体の機能を引き出す能力と、自分と馬が作り出すエネルギーを感じ、使うことのコンビネーションであり、乗馬へのアプローチを驚くほど簡単に、そしてエキサイティングなものにしてくれます。

Pretend You Are a Horse

自分が馬だと思ってみよう

馬になったふりをしたことがありますか？自分の上に乗った人に命令されることを想像したことはありますか？それは心地良く楽しいですか？不快で厄介ですか？中味がきちんと詰まったナップザックをバランス良く背負っていたら不快ではないでしょう。しかし、もしおおざっぱに詰められ、バランスが悪く、適切な背負い方をしなければ、非常に心地悪く、実際以上に重く感じるでしょう。

馬になったつもりになるにはもう一つ方法があります。手と膝をついて、背中が水平になるようにして下さい。背中をもり上がらせず、たわませるようにして床を少しはってみて下さい。全身が写る鏡でチェックすると良いでしょう。そして、誰かに肩甲骨の下端の背骨の両側に沿って強く押してもらいましょう。この鋭い突きにどう反応しますか？痛い（図1）！あなたは背中をへこませ、頭をパッと上げたでしょう。骨盤にもっと近い別の場所も何カ所か突いてもらってみて下さい。毎回あなたは同じ反応をするでしょう。ちょっと遠くから突かれればなおさらです。それは楽しい作業ではないはずです。

1　「あ、痛い！」これは私達がしばしば馬にしていることです

馬の不快感

私達は、速歩で正しく座れない時、駈歩で鞍にドンと当たってしまう時、軽速歩で強く座ってしまった時、また、馬にまたがろうとしてドシンと腰を下ろしてしまった時にこれと同じことをしているのではないでしょうか。先ほど試してみたように、あなたは強打と衝突から逃れようとして、背中をへこませ、頭を上げました。馬がこんな反応をしているのを何回見たことがありますか？馬は、不快そうに体を硬くし、背をへこませ、鼻先を突き出すように上に向け、ぼんやりとしておどおどとした目つきで耳は伏せているでしょう。そのような馬は、不安そうに、緊張して見えます。尾を振り、小刻みで硬い歩様で動きます。

馬がもっと微妙な不快感を表すこともあります。馬場馬

術の馬場で、ライダーが馬の背を丸く持ち上げさせ、ハミにつかせ、後肢を踏み込ませようとしているのにもかかわらず、運動し背中を伸ばすことを嫌がって、ライダーの指示をすべて拒否している様子を見たことがあるかもしれません。これは皆、ライダーの坐骨が馬に不快感を与え、無意識にひどい目に会わせているからなのです。

柔らかな動きを引き出す

では、状況を変えて、床の上で四つんばいになって別の実験をしてみましょう。乱暴に突く代わりに、もっと快く感じられるように背骨の両脇を同時に押してもらいましょう（図2）。あるいは、背中をやさしくマッサージするように撫でてもらいましょう。とても気持ち良いでしょう？ どんな反応をしましたか？ あなたは猫のように背中を持ち上げ、伸ばして丸く曲げるでしょう。ゴロゴロのどを鳴らすかもしれませんね。これは身をすくませたくなるような感覚ではなく、受け入れ、楽しみさえ感じる感覚なのです。あなたが乗っている馬にもこんな楽しみを与えてやれるとしたら素晴らしいことではないでしょうか。

ある人が乗っている時には反抗して硬い馬が、他のライダーが乗っている時はまったく違う様子を示すのを見たことがありませんか（図3）？ 後者のライダーは、馬上で軽く弾んで鞍にやさしく座ります。こういうライダーは、静かに動き始め、その体は馬の体と一緒に流れるように揺れ動

② 「あー、気持ちいい！」どの馬もこちらが好きです

③ 不幸せな馬

2. 自分が馬だと思ってみよう

きます。馬は、自由に踏み出し、頭を下げて耳をリラックスさせ、落ち着いた目をしています。ライダーは、やさしく手綱を握って馬を進めます。体のバランスが保たれ、速歩で馬の背に密着しています(図4)。輪乗りをするのは簡単です。反抗がありません。馬は柔かく曲がります。乗り手は軽速歩に入り、さらに駈歩に入りますが、体が馬と一緒に揺れ動いているので緊張はありません。馬は、ライダーと共に楽しみ、ライダーに協力したいと思い、要求されたとおりに動きます。柔軟で大きなストライドになり、リズムは見ていて心地良いものです。推進力は、馬の体を流れるエネルギーによって後方から柔らかく起こります。このようなライダーのもとでは、馬は変わるのです。身体的問題のある馬も、ある程度まで改善されます。

前者のライダーのもとでは、馬が「早く降りてくれないかなあ。いらいらするよ。矛盾した指示だなあ、何をして欲しいのかわからないし、わかって、それをしようとしてもさせてくれない。この人が邪魔をして、背をバンバン叩き放題叩くし。脚の内側も硬いんだ。もっと柔らかくしてくれれば、こっちも柔らかくできるのに。こんな鉄みたいなものが相手では、こっちだって柔らかくなれない。背を叩かれているうちは肢が動かせない。ぼくは不幸だ。この人の思いどおりに動くなんてできないよ」と思っていることがわかるでしょう。

反対に、後者のライダーが乗っている時、馬が安堵して

④ 幸せな馬

こうつぶやいているのが聞こえてきます。「これは良い」馬はこう言っているでしょう。「このライダーの下だととても動きやすい。このライダーは、ぼくの動きについて来てくれる。一緒に動いてくれる。だから、こっちももっと動けるんだ。この人の下で運動するのは楽しい。後肢を踏み込めるし、背を丸くできる」

この2人のライダーの違いは、後者のライダーが前者より扶助を上手に使うというだけではありません。たいてい、「どのように」扶助を使うかで違いがでてくるのです。扶助を使う時、いつ何をすべきかを指示されることはあっても、体をどのように動かせば良いかをインストラクターが教えてくれることはほとんどないでしょう。あなたが自分の思いどおりにしようとすればするほど、体は言うことをきいてくれなくなります。可哀相なのはあなたの馬で、混乱させられてイライラするのです。

あなたも、後者のライダーのように乗りたいと思うでしょう。バランス良く乗るには鞍のどこに座れば良いかを習いたいと思うでしょう。しかし、馬が動きだすと、問題が起こるのです。バランスのとれた姿勢を保とうとして、自分が硬くなってしまうのです。正しい位置に乗ろうと努力すればするほどバランスを保つのはもっと難しくなります。あなたは緊張してイライラしてくるでしょう。

自分の体の動かし方を知ることから

人間は、ある程度は馬のせいなのではないかと思いがちです。ことによると、馬が強情だったり、よく調整されていないため、物理的に正確に動かすのが難しいということはあるかもしれません。これが問題の一部であり、運動している途中で何らかの影響がある可能性はあります。しかし通常は、全体像とはいえません。馬は、不快だけではなく、何かをしろと言われているのに、同時にそれができないような状態に追いやられているのです（図5）。あなたは、肘を背中の方に縛り上げてから、ボールを渡されて、投げてみろと言われたらどんなにイライラするでしょうか。私達は、これと同じことを馬にしているのです。

ライダーの中には、自分の体と争う必要なく、自分の体が簡単に自動的に動いている間に、何を馬に伝えるかを学べる人もいます。

あいにく、このような調整された体を持っている人は多くありません。しかし、正しい指導を受ければ、運動器官

2. 自分が馬だと思ってみよう

を発達させることができます。初めに、どのように自分の体が動くのか。例えば、どうすれば体のある部分だけを独立して動かせるのかといったことを習います。それから正しいフォームとバランスを内面で意識することにより、全プロセスの中にどう結び付けていくか、ということを学びます。

完成されたライダーがすぐに完成された馬を作れるわけではありません。体操選手が膨大な時間を運動器官や筋肉の発達に費やすことからわかるように、馬は長い年月をかけて慎重に計画された運動を行い、ライダーを背に乗せ、障害飛越や馬場馬術競技、長距離トレイル、ハッキング（逍遥駒乗）、といった要求される動きに必要な筋肉バランスを適切に発達させる調教を受けなければならないのです。

後の章で、たくさんの方法とエクササイズをお見せして、あなたが「センタード・ライダー」になるお手伝いをしましょう。それぞれのエクササイズには何回反復すべきかという規則などありません。たいてい、2、3回繰り返せば、緊張をほぐしたり、探している感覚をつかむには十分でしょう。そして、探していた感じが得られます。このようなエクササイズは、疲れるほど繰り返すものではありません。むしろ、新しい流れや、コンセプトを感じるための学び方なのです。柔らかくなるための手段を他の人達より早く見つけられる人もいます。もし、どれかのエクササイズが効果的でなかったとしても心配することはありません。別のものを試してみて下さい。

⑤ 矛盾した扶助によってフラストレーションを示す馬

The Four Basics

4つの基本

　あなた自身の体をより深く理解し、コントロールすることによってあなたの馬を幸せにするためには、「4つの基本」をふまえて乗ることから始めましょう。この「4つの基本」は、私の教育法すべての基本となるものです。それは正確な目の使い方、呼吸法、センタリング、ブロックを積むこと、の4つで構成されています。

目

　自分の目で実験してみましょう。まず、馬を止めます。静かに座って、1つの物、文字盤や、どれか1本の柱、何か馬場の端にある物を集中してじっと見つめます。集中してその物を見続けます。その正確な輪郭、形、密度、色の濃さ、色に集中して下さい。すべてをくっきりと捉えて下さい。これは私がハードアイと呼んでいる方法です。

　では、目をリラックスさせて下さい。ある物をおおまかに視野の中心に置いて下さい。しかし、左右だけでなく、上下にも、できるだけ広い視野で周囲の景色も見て下さい。広い世界をすべて知覚して下さい。目を開けて心地良く座って下さい。そして、視野に入ってくる物すべてを目が捉えている時、あなた自身に入ってくる感覚を味わって下さい。あなたがまだ中央の物に目を向けていることを思い出して下さい。これがソフトアイと呼ばれているものです。この本を通じて、この概念を引き出し、練習していきましょう。

　ハードアイで見た時に何が見えましたか？中心となる物のそばに何か見えましたか？本当に凝視していれば何も見えなかったはずです。ソフトアイで見た時は何が見えましたか？視点が1つの目標物を向いていたとしても、少なくとも馬場の半分が目に入っていたでしょう。ソフトアイの使い方を教える時は、私は最初、ライダーの前に立つよう

にします。そしてその周りを、いつ私が見えなくなるかを聞きながら半円を描くように歩きます。見えなくなったら、私はそこに立ったまま、私の方を向いて下さいと言います。するとたいてい、かなり振り向かなくては私が見えないのに驚くことになります。私が見えなくなるのは、いつもライダーの肩のかなり後方に立った時です。これはライダーにとってどんな意味を持つのでしょう。あなたの目は、その気になれば、もっと広い感覚を持つことができるということです。

　違った実験をしてみましょう。鐙なしで歩いている時、ソフトアイとハードアイを交互に使って歩いてみましょう。ハードアイは、馬の耳を見つめることで簡単にできます。ソフトアイでは、視野を広く開放させて、馬の耳越しに外の空間を見ると容易です。馬の背中がどう動いているか、あなたの騎座に伝わってくる感覚を感じやすいのは、どちらの方法でしょうか。あなたはすぐにソフトアイの方が良いと思うでしょう。広い範囲を見るほど、騎座を意識することができます。目をかすませたりぼやっとさせたりすることが目的ではありません。それでは騎座の感覚が鈍ってしまいます。

　この実験から、何かを見る方法として、ソフトアイがすぐれていることがわかります。ソフトアイを使うことは新しい哲学です。それは単に『見る』ということ以上のものです。ソフトアイはあなたの周り、下(馬)、内面で何が起こっているかをはっきりと認識する方法です。見ることだけでなく、感じたり聞いたりすることもできます。一部分だけではなく、全体を知ることができるのです。この方法や手段が持つ意味をじっくり考えてみて下さい。馬の両耳は、いつもあなたの目の前にありますが、もっと重要な部分はあなたの下や後ろにあって、見ることができないのです。

ソフトアイを使う

　私がソフトアイを教え始めた頃、ポニークラブＢクラスの乗馬の上手な少女4人とエキサイティングな経験をしました。小さな馬場で4人はそれぞれソフトアイを使って、歩様を変えたり、輪乗りをしたり、旋回したり、手前を変えたりといった、様々なプログラムで15分ほど乗っていました。みな素晴らしい乗り方を見せただけでなく、お互いに近づきすぎることがまったくありませんでした。ソフトアイのおかげで、4人とも他の人がどこにいるかいつもわ

かっていて、次の運動のプランを立てることができたのです。その結果、それぞれが他の人に迷惑をかけずに、独立して運動することができました。

　もう1人、サラという生徒がいました。彼女の8歳の娘のブルックは、外乗から帰ってくると、ずっと不機嫌で非協力的だった馬のことをたいへん怒っていました。サラは乗るのをあきらめ、そのポニーを売る決心をしましたが、ソフトアイのことをブルックに話してみました。それは、新しいゲームのようなものです。それからサラは、ブルックに、「ポニーに乗って道の端まで行って戻ってきて」と言いました。ブルックは楽しそうに駈歩して行き、速歩で笑いながら戻ってきました。サラが、ソフトアイを使うと体がどんな感じかと聞くと、ブルックは少し考えてから、興奮した様子で「ゼリーみたい！」と言いました。そしてブルックは、ポニーを手元に残したのです。

　ソフトアイは、他のことにも応用できます。有名な総合馬術ライダーのデニー・エマーソンは、競技会でソフトアイを使います。障害飛越競技（余力審査）の前に、2、3分静かに馬に座り、心の中でとてもソフトな目で、コースを最後まで周ってみます。彼は、その後実際に騎乗する間、必要に応じてハードアイとソフトアイを瞬時に引き出すことができるのです。

The Essentials & The Results

ソフトアイの基本とは？

- 広く開かれた目で、周囲を感じながら乗ります。
- 視野全体の光景を感じ続けます。
- 内部の感覚が湧き上がってくるのにまかせます。

ソフトアイの成果は？

- より大きな視野が得られます。
- 自分の体と馬の体の感覚についての知識が増えます。
- 緊張が減ります。
- 前方への動きが簡単に、また自由になります。

呼　吸

　４つの基本の２つ目は、正しい呼吸です。これはとても重要で、他の３つの基本に深く関わっています。この本では、いたるところで呼吸法に触れています。ですから、呼吸法の全課程をどのように行うかについて、視覚的、観念的にも良いイメージを持つことが重要です。

　呼吸法では、横隔膜という胸郭の下にある強い筋肉について考えなくてはなりません。横隔膜の前端は肋骨のすぐ下にあります（図６）。横隔膜は、ドームやマッシュルームのような形をしていて、肋骨の中で丸く、すくい上げられたようになっています。その基は、脊椎下部の前面に付いています。横隔膜は、体で最も大きな筋肉のひとつです。息を吸う時は横隔膜が下に引っ張られ、肺に隙間を作って空気を吸い込みます。息を吐く時は、筋肉がゆるみ、横隔膜はふだんの位置にまで上昇します。そして空気が押し出されるのです。

横隔膜を下げる呼吸

　深く息をしなさいと言われると、横隔膜のことを忘れて、懸命に肋骨を横や上に広げようとする人がたくさんいます。これは、呼吸法としては効果がありません。横隔膜が下に下がらなくてはならないのです。もし肋骨と肩が緊張していないなら、胸は自然に開き、背中は入ってくる空気のおかげで広がるでしょう。自然に呼吸をすれば、肋骨がやや広げられることにより、肺は大きな場所に広がることが可能です。横隔膜は肋骨に伴って動く重要なものなのです。

　馬に乗って歩いている時、想像力とソフトアイを使い、息が体を通り抜けてベルトの位置まで下がり、さらにはもっと下の骨盤まで来るのを感じてみて下さい。それができたら、もっと下がって、はるばるブーツのところまで息が下がってくるのを感じて下さい。息の動きをベルトやもっと下の部分で感じたなら、それは実際には空気を感じているのではなく、横隔膜を引き下げている筋肉の動きを感じているのです。

　では、手をお腹に付けて水平にし、へその上に親指を置いて下さい。もし横隔膜で正しく呼吸していれば、手に動きが感じられるでしょう。次に慎重に胸だけで呼吸をしてみて下さい。手には何も感じられないはずです。それでは、正しく、疲れない、通常の体全体を使った呼吸法に戻して

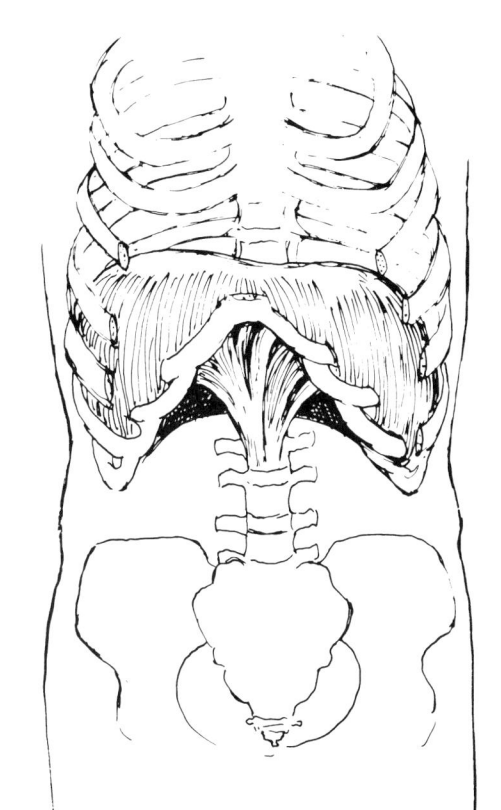

⑥ 横隔膜はマッシュルームのように見えます。横隔膜の基の部分は、脊椎の低い部分にくっつき、横隔膜を下に引っ張って息を引き込みます。そして、吐き出すためにゆるみます

下さい。

　特定の筋肉のことを考えるよりも、心的イメージを使った方が簡単です。空気が、大きな曲がりやすいチューブを通って、体の中心を通り、まっすぐ底部まで流れていくのを感じて下さい（図7）。私の友人は、大きくて伸縮性のある、青いチューブを想像しました。どのように想像してもかまいません。

　ベルトの下まで息をすることを心に思い描くと、横隔膜を下げやすくなります。そして、力を入れずにただ肋骨を膨らむままにさせておくと、意識して肋骨を上げようとして息をするよりも、体の緊張が少なく、空気を吸い込むことができるでしょう。デニス・マクルゲージは、『センタード・スキーヤー』で素晴らしい呼吸のイメージをいくつか紹介しています。デニスは、胸を使う胸式呼吸と横隔膜を使う腹式呼吸の違いは、風船とふいごの違いのようなものだと言っています。風船を膨らませるためには強く息を吹き込まなくてはなりません（図8）。鼻から空気を吸い込み、それをあらゆる所に行き渡らせようと胸を広げるのに一生懸命になります。これが、多くの人の呼吸法です。これに対して、ふいごは、開けば簡単に空気が流れ込み、閉じれば簡単に出ていきます（図9）。ですから、胸で風船を膨らますことを想像するのではなく、横隔膜と骨盤を通るふいごが、静かに開いたり閉じたりし続けるのを想像して下さい。そうすれば、あなたの呼吸に影響が出てくるはずです。鼻孔は、筒の役目でしかありません。胸骨は静かに自然に

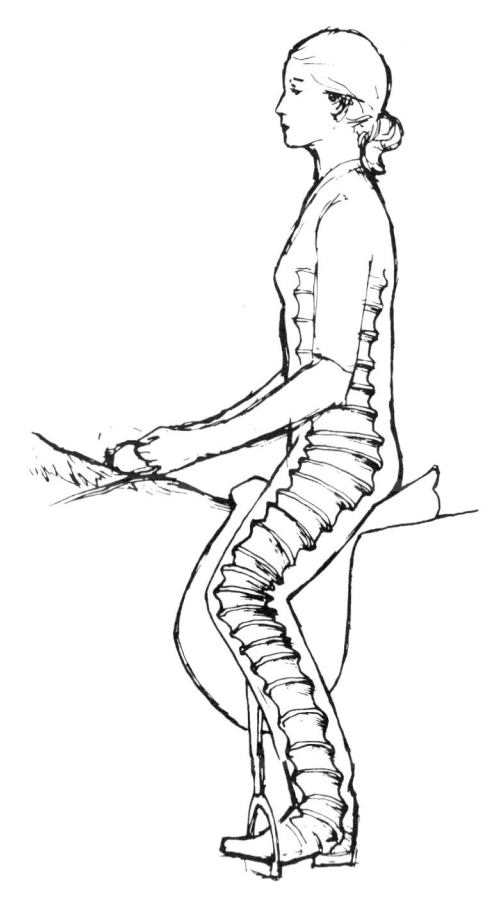

⑦　体全部を使って呼吸しましょう。足先までチューブを通して呼吸できると考えて下さい

⑧　胸だけで呼吸するのは風船を膨らますのに似ています。これは大変な作業です

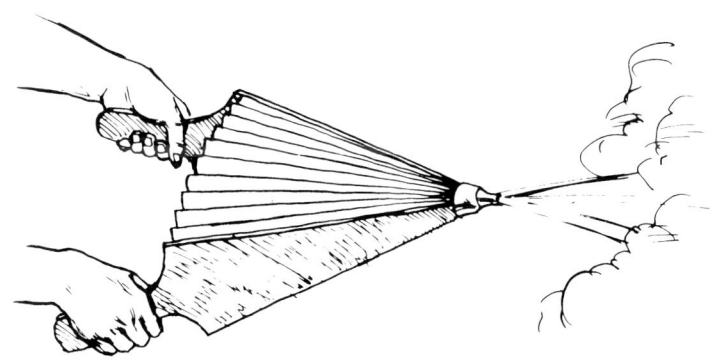

⑨　体の下の方でふいごのように呼吸することは、より簡単で有効です

上がって開き、また下がるでしょう。こういった動きは、呼吸した結果起こるものであり、この動きによって呼吸ができるわけではありません。ふいごが開くと酸素を取り込み、閉じると二酸化炭素を押し出します。

馬に伝わる呼吸

　10秒間息を止め、そのあと自然に息をしてみて下さい。息を止めた時に体が緊張したのを感じましたか？呼吸を再開した時に体がリラックスしたのを感じましたか？あなたは、息を止めた時に緊張を作り出し、馬が反応する原因を作ったのです。私は、何年も前にニューヨークのギニー大佐の馬場で、大佐の持っていたキムという興奮しやすい小さな馬に乗っていた時に、このことに気付きました。大佐が他の2人のライダーにかかりきりになっていたので、私は幸運なことに1人で残されたのです。キムは、絶対フラットワークをしたがりませんでした。そして、絶えず飛び跳ねたり、暴走をしたがりました。私はキムにその馬場をめぐってフラットワークをさせる決心をし、考えつくことをすべて、息を止めることも含めてやってみました。私とキムは、馬場をほとんど回ることができました。しかし、Bの地点まで来ると、キムはいつも跳ねました。自暴自棄になりそうな中で、私は、「もう止めた、何もしない」と心の中でつぶやいたことを覚えています。私は、リラックスして普通の呼吸をして座ってみました。するとキムは、落ち着いて馬場を回り、私が呼吸を続けている間、Bで跳ねたりせずに何度も通り過ぎました。私が呼吸のパターンを変えると、元の状態に戻りました。速歩もやってみました。私がリズミカルに呼吸していると、せっかちに進むこともありませんでした。突然、私が馬場を回っているのを大佐が熱心に見ていることに気が付きました。「スウィフトさん、キムに何をしたんですか？」と大佐は聞きました。若かった私は、まごついてこう答ました。「呼吸しただけなんです、大佐」。

　馬が呼吸を止めたら、あなたはどのように感じるでしょうか。十中八九ぎょっとするでしょう。あなたが息を止めた時も馬はそんなふうに感じているのです。あなたは馬に落ち着くようにささやいてやることができます。馬が恐がっている物を通り過ぎる時に、ささやいてやるのです。あなたが大きな石の前で呼吸を止めたら、馬は恐がるので

す！そこにはグレムリンがいるに違いない！と思うのです（図10）。でも、あなたが呼吸し続けるか話しかけていれば（しゃべっていれば呼吸を止められません）、馬は自信を持つでしょう。呼吸法は、緊張せずに行えるようになる必要があります。絶え間なくリズミカルに呼吸をして下さい。呼吸を止めると、体のある部分の柔軟性が妨げられます。そして、全身で呼吸することを忘れないで下さい。

⑩ 呼吸を止めると、グレムリンがあなたの前に飛び出すのです

The Essentials & The Results

正しい呼吸の基本とは？

- 全身を使って呼吸します。
- 絶え間なくリズミカルに呼吸します。
- ふいごが動くように呼吸します。

正しい呼吸の成果は？

- 緊張が緩和します。
- 体がごつごつしなくなります。
- 重心が下がります。
- 馬は静かに、良く反応するようになります。
- ライダーは疲れにくくなります。

センタリング

4つの基本の3つ目は、センタリングです。自分の体と馬の体を効果的にコントロールするために、センター（体の中心）を見つけなくてはなりません。私たちは、頭のてっぺんや、前面を基準に位置を定めがちです。また、細かいことに大騒ぎしたり、厳しくしすぎたり、胸で呼吸したりします。その結果、緊張が増し、動作が妨げられ、重心が上がり、頭でっかちになり、調整が崩れます。コントロールの中心をセンタリングによって下げてやれば、この傾向を克服することができます。

バランスを失い、とぎれとぎれの動きで硬くなっているように見える人がいたら、それはセンタリングが間違っているのです。ほとんどのライダーは、自分自身のバランスや馬の動きから遅れています。センターに正しく乗ることができれば、あとは、しかるべき場所に収まるのです。

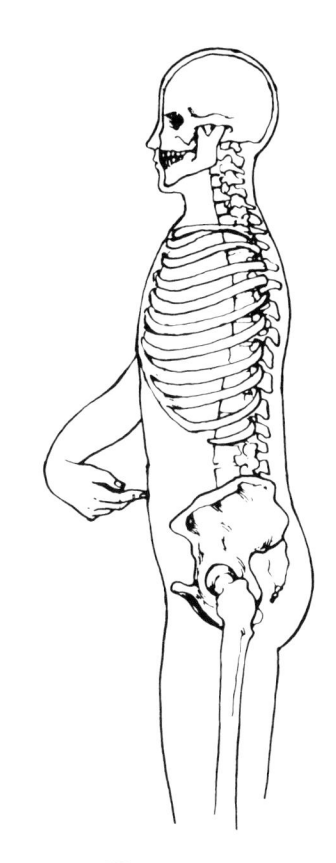

センターを見つける

自分のセンターを見つけるには、腹部のへそと恥骨の間、骨盤の前の部分に指を当てて下さい（図11）。その点の後ろ側の方の深い位置、脊椎の向い側に、バランスの中心、エネルギーの中心、コントロールの中心があります。横隔膜と胸骨の底から、大きな筋肉が脊椎の下部に伸びていて、そこから他の筋肉が骨盤や大腿骨につながっています。これらの筋肉は、体の中で一番深いところにある最も強靭な筋肉です。体を中心で半分に切ってみると、下側にある腰椎や脊椎の骨はとても太いため、脊椎の前部は、実際には輪切りにした体の中心であり、あなたが考えるように背中側にあるわけではないことがわかります（図12）。ここからさらに下がって、脊椎の近くに、体の筋肉をコントロールする最も大きな神経の束があります。この大きな神経の中心と、強い、筋肉を支配する場所が、あなたのセンターなのです。

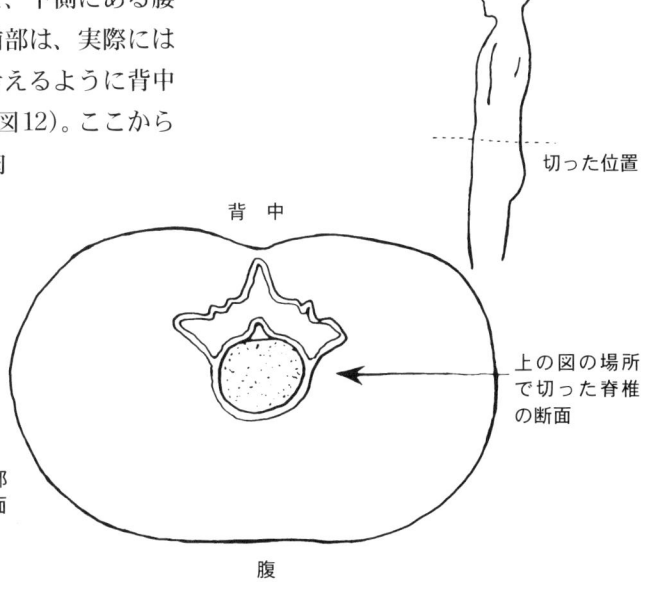

⑪ センターを指さす

切った位置

背　中

腹

上の図の場所で切った脊椎の断面

⑫ センター（体の中心）の横断面。この部分では脊椎はとても厚く、脊椎の前面がセンターになります

センターのコントロール

どのようにセンターのコントロールを達成すれば良いのでしょうか？ソフトアイを使って自分の体を感じ、呼吸を整えましょう。横隔膜を使って息を体の中に滑らかに通します。そうすると、呼吸がセンターを通っていることに気が付くでしょう。呼吸をすることで簡単にできるかもしれませんし、あるいはセンターに置かれた大きな手のイメージ、エネルギーをスパークさせる内部の発電器、ベルトの下のシャツをつかむこと、といったイメージを使えば、これが簡単にできるでしょう。自分を、起き上がりこぼしだと思って下さい（図13）。てっぺんをどんなに思いきり押しても、バウンドしてまた起き上がるこの方法をとれば、下半身がとても深く安定して、上半身がバランス良くまっすぐになった姿勢を保つことができます。

あなたが自分に有効な特別のイメージや考えを見つけたら、ずっとそれを使って下さい。そのイメージに戻るたび、自動的にセンターのコントロールを感じることができるからです。私は、「今自分のセンターに乗って、今よ、今」と素早くライダーに言うことによって、輪線が梨のような形になってしまうのを防いだことが何回もあります。あなたは自分ではこのようにはできないでしょう。センターを把握する方法がなかなか覚えられないのなら、時間をかけて、自分の体にチャンスを与えてやるのです。強制してはいけません。センターを把握することをいったんあきらめ、気持ちを落ち着けて下さい。呼吸を整え、センターに息を吹き込むのです。

13 自分を底におもりの入っている、起き上がりこぼしだと思って下さい。安定していられます

The Essentials & The Results

センタリングの基本とは？

- センター（体の中心）を手で探します。
- ソフトアイを使います。
- センターに息を下ろします。
- 意識をセンターに向けます。

センタリングの成果は？

- バランス、コントロール、エネルギーが確立されます。
- センターの重心は低くなります。
- 上半身はより軽く安定して動かしやすい感じがします。

- 騎座と下半身は、重く、安定した感じがします。
- 体を通るエネルギーの流れを邪魔する緊張が解けます。
- リラックスして、次の動きや練習に向けて準備ができます。

ブロック積み

　4つの基本の最後を、ブロック積みと呼んでいます。これは、バランスを図形で説明する方法です。体の各部分のバランスを積み重ねるように正しく保てば、体をまっすぐに維持するための筋肉の緊張や張りは減るでしょう。そうすれば、そのエネルギーを他のことに回すことができます。ブロック積みが、他の基本事項、つまり、ソフトアイ、呼吸法、センタリングと深く結び付いていることにお気付きだと思います。すべてを一緒に練習しないと、これを学び、マスターするのは難しいのです。

　私は、ブロック積みを子供用の木のブロックにたとえるのが好きです。ブロックが、それぞれ違う好きな色に塗られていると想像して下さい。大切なことは、それぞれのブロックが、他のブロックの上でバランスを保たなければならないということです（図14）。それぞれのブロックが注意深くバランスをとっていないと、ぐらついて、ついには崩れ落ちてしまうでしょう（図15）。

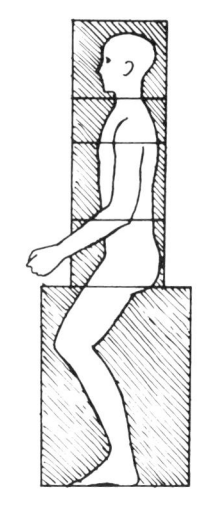

　一番下のブロックは、あなたの脚と足です。二番目のブロックは腰です。そして、胸、肩と来て、最後に頭と首が乗ります。フラットワークでのブロックの正しい配列（体の横から見て）では、耳から下がって、肩の先端、股関節を通り、足首に達する垂直なラインができるでしょう（図16）。そして、このラインは股関節の上まで、あなたのセンターをまっすぐに通っていることに気付くでしょう。

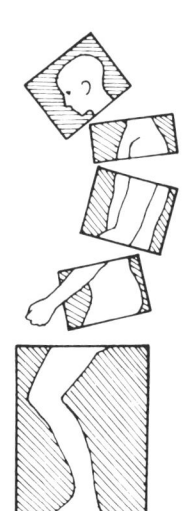

⑭ 気を付けて1つ1つバランス良く積み上げなければなりません

⑮ もしバランスがとれていないと崩れ落ちてしまうでしょう

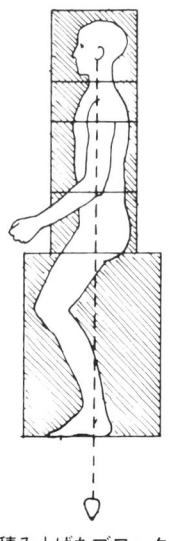

⑯ 積み上げたブロックを通る垂直線

地面に立っている時、センターは足の上方にあります。そうでなければ転んでしまうでしょう。どんな騎乗姿勢でも、それが正しい姿勢なら同じことが言えます。しかし、常に全ブロックが必要というわけではありません。例えば、障害飛越や襲歩の時の姿勢では、ブロックは5つではなく、体の中央部と脚の2つのブロックがあれば良いのです（図17 a と b）。体の前部にくる頭と肩の重さを相殺するため、お尻は垂直線より後ろに位置します。

鐙と鞍でブロックを正しく積む

ブロックを正しくバランス良く積むために、変えることができる2つの要素を正しく調整する必要があります。そのひとつは鐙の長さです。これは、ライダーや馬の体形、鞍のタイプによって異なります。総合鞍や障害鞍に乗っているなら、馬場鞍に乗っている時より短くしなくてはなりません。馬場鞍に乗っているのなら長い鐙で乗らなくてはならない、という考えに捉われるべきではありません。鍵になるのは、脚を使う時のバランスと効率です。脚が正しい位置にあれば、足は、軽く、しかしぴったりと鐙に乗るでしょう。足を鐙に届かせなくてはならないと感じたら、それでは鐙が長すぎます。あなたの足は前方に振られ、一番下のブロックが維持できなくなってしまうでしょう。あなたの脚がとても長かったり、胴が丸くて深みのない体型の馬に乗っている場合は、脚が馬の腹部に届くように鐙を短くしなければならないでしょう。フラットワークの時の鐙革は、障害飛越や襲歩の時よりも、おそらく少なくとも2、3穴長いでしょう。しかし股関節は、足首の上に来るように、膝の後ろ、足首の前のところにまっすぐ下ろしてやらなくてはなりません。大腿部が重い人は、もっと短い鐙で乗らなくてはならないでしょう。事実を受け入れるか体重を

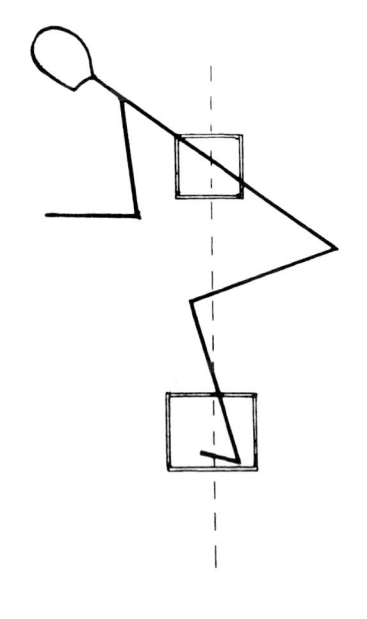

17　a と b. 襲歩の時の姿勢でもセンターは足の真上にあります

3. 4つの基本

減らして下さい。しかし乗り方で妥協してはなりません。

　変えることができる要素の2つめは、鞍です。多くの鞍は、一定に設計されているため、馬の体型に合わせてバランスを変えることができません。けれども、正しくブロックを積むには、正しくバランスのとれた鞍が不可欠です（図18a〜e）。スポンジのパッドやクッションで後ろの部分を高くした鞍をよく見かけるのはこのためです。鞍の最も低い部分は、前橋の近くの中央部に来なくてはなりません。それが後ろすぎると、正しく積まれたブロックに乗ることはできません。ですから、後橋の下にスポンジや、つり合いのとれたくさび形パッドを使うのをめんどうがってはいけません。サドルパッドと鞍の間には必ずクッションを差し込んで下さい。後橋の下に毛布やタオルを使ってはいけません。馬の背に鞍傷ができてしまうからです。一番良い方法は、あなたの馬に合った鞍を手に入れることですが、これはいつでも可能というわけではありません。

18 違う馬に同じ鞍を乗せてみましょう

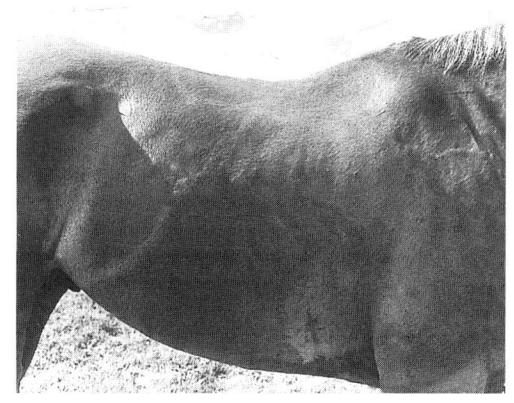

a. 馬1

b. 鞍は合っています

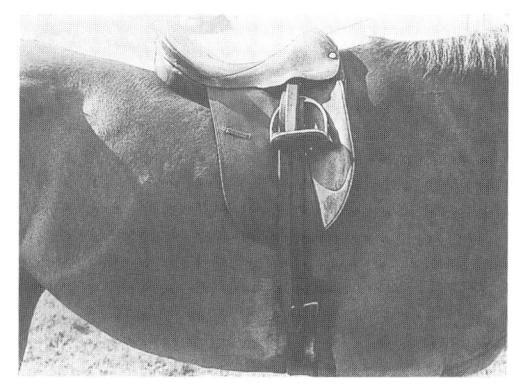

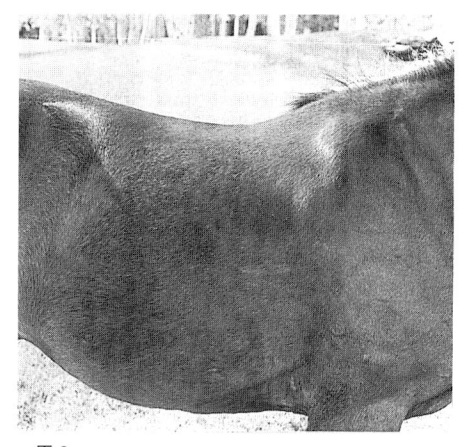

c. 馬2

d. き甲の幅が広いため鞍の後ろが下がっています

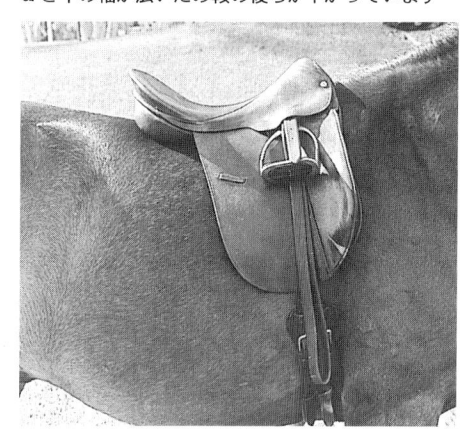

e. 鞍の後部の下にスポンジを入れることによってバランスのとれた2の馬。写真では後部が高すぎるように見えますが、スポンジはライダーの体重で十分つぶれます（訳注：最近はつぶれない、より優れた素材の鞍下もあります）

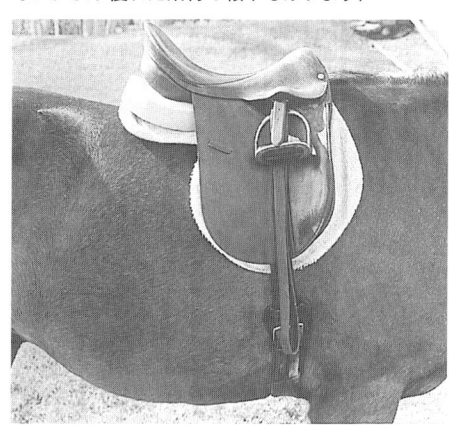

21

The Essentials & The Results

ブロック積みの基本とは？

- 足先から頭までバランスのとれた体。
- 適切な長さの鐙革。
- 正しいバランスの鞍。

ブロック積みの成果は？

- 馬の動きに調和したバランス。
- 流れるような心地良い馬の動き。

　これで、ソフトアイ、呼吸法、センタリング、ブロック積みの4つの基本がそろいました。馬を速歩させてみて下さい。軽速歩で、全体重を鐙に落として下さい。膝や脚の他の部分を締め、下に向かう体重を妨げてはいけません。脚をそっと馬の横腹に押し当てて下さい。お尻と膝関節を自由に動かして下さい。軽速歩の上がったり下がったりするリズムを感じることができるでしょう。

　ソフトアイ、呼吸法、センタリングを使って、ブロック積みが本当に正しくできたか自分でチェックして下さい。センターが後ろになっていれば、おそらく頭と足が前に出てしまっているので、馬はそれに追いつこうとしているでしょう。足だけが前に行っているのなら、お尻が鞍の後橋にどすんと下りていて、馬に嫌がられているでしょう。

　次のエクササイズをやってみて下さい。軽速歩で1拍座って、2拍鐙の上に立ちます。続いてまた1つ座って2つ立ちます。これを続けて下さい。鐙の上でバランスがとれていなければ、馬の上にどすんと落ちたり、もう1拍座らなくてはなりません。しかし、正しいバランスとリズムを本当に見つけることができれば、このエクササイズはダンスのように感じられます。

　速歩している時に体のバランスがとれるようにして下さい。時間を与えて下さい。重心を落として、呼吸法とあなたのエネルギーの中心について考えて下さい。1回立つごとに、あなたのセンターを（もしくはあなたのベルトのバックルを）斜め上の前方に空に向かって引っ張るバネがあると感じて下さい（図19）。徐々にあなたのセンターは前に移り、脚や足はあなたの下で後ろに動くでしょう。あな

3. 4つの基本

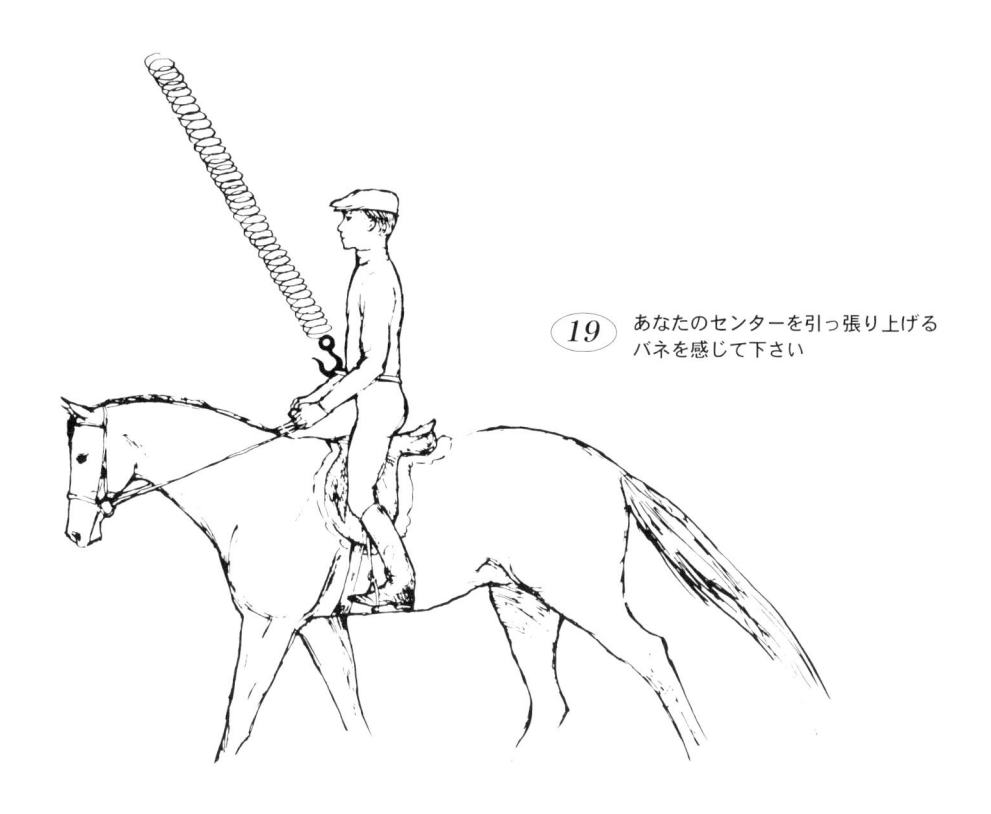

⑲ あなたのセンターを引っ張り上げる
バネを感じて下さい

たの体は、肩と頭が先行しないのでもっとまっすぐになります。今や、速歩で、さらに軽く、より鞍の前方に降りることができるでしょう。このバランスはあなたの馬にとっても気持ちの良いものです。馬はあなたが後方にはずみ、後橋に下りていた時より、鐙の上のあなたを運ぶことを好むでしょう。

　私の生徒はたいてい「とても簡単になった」「軽くなったように感じる」「何の努力も必要ない」「馬と一緒にいるように感じる」と言います。

　馬もまた、たいてい何事かを伝えてきます。性急な、頭を上げる馬は、背中に来る衝突のショックを避けるためにライダーの頭と肩に追いつこうとしていたのですが、それが徐々にリラックスしてくるでしょう。ストライドがゆっくりと長くなり、頭は下がり、背はもり上がるでしょう。一方では不活発な馬が、もっと自由に前に、大きなストライドで動き出し、もっと敏感になります。あなたのバランスが良くなるにつれ、馬とあなたはお互いにもっと流れるように感じるでしょう。あなたは、「馬に乗った人」というだけでなく、愛すべき理想の「ホースパーソン」になる一歩を踏み出すのです。

Learing and the Brain

習得と脳

　4つの基本を上手に使う能力は、脳と学習の機能に影響されます。脳は縦に半分に、右と左に分かれており、脳梁という双方向の神経線維の橋でつながっています。右脳と左脳の概念の違いについては後で述べますが、それは私達の感じ方や学習を助けてくれます。

　普段、両側の脳はそれぞれの機能を持っています。左側は実用的な部分です。生活の細かいことを計画し準備するなど、一次元的な方法で物事を操作しようとします。合理的で、分析的で、言葉で表せるもので、私達をとりまく技術の世界において活躍する部分です。右脳はもっと広い範囲、つまり部分ではなく、まるごと対処します。直感的でイメージに満ちています。物事が同時に起こっても、結び付け、まとめあげようとしますし、言葉はほとんど必要としません。

　体が純粋な喜びを与えてくれ、やっていることが非常に簡単で正しいと感じるような運動をしたことがありますか？　それは完璧で流れるようなテニスのストロークかもしれませんし、欠点なく完璧に滑るスキーのトレイルかもしれません。その時こそ、右脳が左脳の干渉を受けずに、あなたの体の反応を管理することができた大躍進の瞬間です。

　例えば左脳を使って輪乗りをすると、6〜7つの細かい項目が必要になり、そのリストをやり終える前に、輪乗りの輪の半分は終わってしまうでしょう。私達は言語を使う時、扶助を一次元的な連続として考え表現し、情報や活動は各部品へとばらばらになることを余儀なくされます。しかし右脳が行動をコントロールすると、筋肉はまるごとイメージの方向へ同時に動き、自動的に反応します。

両方の脳をバランス良く

　不幸なことに、左脳はときどき干渉してきます。左脳のおしゃべりが割り込んで来るのです。「あなたは絶対外側の脚をしっかりと使うことはできない」とか「私の馬は納屋

の方にいつもそれてしまう。そして入口の所でリズムが悪くなる」。ときどき左脳はまったくその場にふさわしくないことをもたらしてくれます。「今朝歯を磨くのを忘れた！」何てこと！集中と扶助の統合はなくなってしまうでしょう。

　実際には、左右の脳はいつもこんな戦いをする必要があるわけではありません。それは正しく使われれば、水と油がガラスのボールの中で形を変え、くっつき、互いのまわりに浮かびながら、それでも容量は変わらないのと同じように、動いたり、お互いに影響を与えながらも、つり合いのとれた半分ずつの脳となります（図20）。2つの脳は敵対せず、根本的に異なった別の物ですが、1つの物として働きます。唯一の問題は、あなたが右脳を犠牲にして左脳を使いすぎることです。あなたは今、安心感のある、リラックスした右脳の使い方を意識して学ぶべきです。両脳の争いが少なくなり、流れがスムーズになるよう学ばねばなりません。

　例えば輪を描く時、最初は必要とされるたくさんの扶助の各々を、左脳で分けて考えなくてはなりません。左脳に骨盤や坐骨の場所を分析させることから始め、どのようにそれらが感じられ、そして見えるか、発見して下さい。それからソフトアイを使い、右脳の興奮を落ち着かせて下さい。これに脚の配置とタイミング、肩・腕・手の使い方、頭の位置を付け加えて下さい。右脳に作ったそれぞれのイメージは、どのように馬とあなたが見えるかだけではなく、あなたの体があなたの下にいる馬をどのように感じるか、また馬の脚がどのように音を出しているかを感じることも必要です。触覚、視覚、音の感覚、リズムすべてで1つの完成品です。右脳に入った各々の新しい、修正された項目は、同時に働く部品となり、もはや1-2-3と連続した課程ではありません。

　初めから、イメージが筋肉に影響を与えることができると理解することが大切です。筋肉ははっきり識別できる動作がなくてもイメージによって動き、解放されます。この方法で、脚、腕などすべてをコントロールしやすくなり、最終的には練習を通して自然にできるようになります。この目標を達成するために、最初に必要なのは体の各部分を独立させることで、それにより正しく動いた時と間違って動いた時に、体の各部分がどう機能するか、どう感じられるかをライダーは学んでいくでしょう。このように少しずつアプローチすることで、ライダーは体のそれぞれの部分が

⑳ 動いているガラスのボールの中の水と油は、流れて形を変え続けますが、混ざり合うことはありません

果たす役割を理解することができるでしょう。それからますます効果的な体の使い方がわかるようになるでしょう。この学習は実際、それぞれの課程が、次に進む前に理解できるので、とても早く進行します。右脳を使うためには信頼が基本になります。あなたの体、馬、右脳が正しい情報を吸収する力を信頼して下さい。

心の中にあるビデオ

　心の中にあるビデオが助けになるでしょう。これはあなたの個人的なビデオです。これを再生するにはソフトアイを使うことと、運動やエクササイズをすべて、実際に行ってみる前に、心の中で見たり、聞いたり、感じることが必要です。心の中にあるビデオを連続的に運動の間に再生し、終わってから間違いをチェックすることもまた役立つでしょう。これを行ってみて下さい。輪乗りの前にセンタリングをして呼吸を整えたら、人と馬のすべての動きをビデオで再生して下さい。そして体が恐がったり興奮することなしに動くことを確認して下さい。ハードアイの左脳はだんだん静かになり干渉を止めるでしょう。あなたが活発に扶助を使っていないという意味ではありません。扶助は使っているのですが、体の部分同士が協力し、ほとんど苦労なく動くようになる、ということです。

　あなたの描いた輪はどんな感じがしましたか？滑らかで広々としていますか？どのようにそれは聞こえましたか？馬の肢は地面の上で軽かったですか？重かったですか？それはどのように見えましたか？丸かったですか？卵形ですか？梨形？うず巻き？角がありましたか？悪魔のような左脳は干渉してきましたか？あなたの心の中にあるビデオであなたの描いた輪を再生してみましょう。そこにはどこか不鮮明な箇所があるはずです。それらが正しくない所です。ですからその部分はビデオから削除してしまいましょう。そして再びそのことを気にするのは止めましょう。そのことを気にすると邪魔になります。

　間違った部分を捨てたら、テープに新しい部分を編集し、正しく再生し直して、もう一度輪乗りをしましょう。乗っている間テープを瞬時に再生して、どのようだったか見て下さい。その時、もしまだ不鮮明な部分があったら、編集を繰り返し、良いイメージをセットして、再生し直して下

さい。これを行うたびに、右脳から間違った『画面』を消し、正しいものと置き換えているのです。もっと明確に発展させていくと、あなたのテープのイメージはもっと複雑になるでしょう。しかし絶え間なくこれを繰り返し訂正することによって、あなたの体と右脳を訓練すれば、やり遂げることは難しくありません。いつしかビデオが再生する色々なイメージに相応する能力が伸びてきます。新しいテクニックを習い始める時には、イメージはシンプルに、そして右脳と左脳、ソフトアイとハードアイ、センタリング、呼吸法がすべて一緒に働くことを忘れないで下さい。

　馬に乗らなくても、いつもこのビデオで学ぶことができます。何もかもがうまくいかない、いらいらする乗馬の日があったとしましょう。その後で、静かに落ち着いて、乗馬の全連続場面を何度も再生することは、あなたが行うべきだった状態を知るのに、非常に有効となるでしょう。次にあなたが乗る時、その問題は本当に消えてしまいます。動きは簡単に、リズミカルに、正確に行われます。編集されたビデオを再生することによって、新しい動きを右脳に説明したのです。

　これは隠れた学習と呼ばれ、心理学的現象として知られています。

集　　中

　もっとも能率的に学ぶためには、集中できなければなりません。しかし、あなたは無理に自分を集中させることはできないでしょう。やってみようとすると、すぐにしかめつらでこわばった顎、肩を狭めて、呼吸を止め、重心が上がるという緊張した自分に気付くでしょう。これは大変な仕事です。左脳は活発に働き、邪魔をします。多くの人々は、やることすべてを、精神的にコントロールしていたいと思います。そして左脳から1つ1つ指示がないと、体を機能させることが難しいことを発見するのです。

　遊んでいる子供や子犬を見て下さい。彼らは、おもちゃを噛む、ボールを追いかけ回す、ブロックを積んだり崩したりするなど、やっていることすべてに集中力を持っています（図21）。集中の対象は変わりがちですが、集中力がある時は完璧で、リラックスしていて、幸せです。このような集中の時、左脳は邪魔をしません。子供や動物は、私達

㉑　積み木に没頭し、集中している子供

がなりがちなように、左脳を発達させすぎていません。あなたの目標は、子犬や小さい子供のように自分自身を集中させることです。

本当に集中した状態

　ベティー・エドワーズは著作の、『脳の右側で描け(Drawing on the Right Side of the Brain)』の中で、描くことは右脳の活動だということを発見した過程について語っています。彼女は、自分自身の集中状態を次のように述べています。「私は自分のクラスで数多く素描のデモンストレーションを行っています。その間、生徒に私が何をしているか、つまり何を見ているか、何故一定の方法で描いているか、を説明したくなります。しかし私はしばしば話している途中で、話しを止めてしまっているのに気付きました。自分が黙ってしまったことに気付き、何を言おうとしていたか考えようとします。でも再び言葉を探すことがひどくつらいことに思え、どうしてもそうしたくないと感じます。しかしついには自分を抑え、またしゃべろうとするのですが、すると描くことができなくなっている自分に気付くのです。突然描くことが混乱して難しいものに思われます。そのようにして私は『私はしゃべることも描くこともできる。しかし同時にはできない』ということを新たに発見しました」。

　このような本当の集中状態になったライダーを見たことがあります。私は彼らに、素早くできる動作を指示しました。しかし彼らはかなり遅れて反応し、また反応できないのです。その時の彼らの目には満足した表情が見られます。しかし、彼らにどのように感じたかと聞いてみると、ぼんやりとしか答えられないのです。

　こんな幸せな集中の状態をどのように達成しますか？ある人々には道のりはさらに厳しくなります。いつも外では何かがドアを叩いている。例えば、鐙の調子が悪く感じ、犬は吠え始め、馬は何か恐い物を木の後ろに見つけ、突風が吹いてくる。このような左脳の干渉とうまくやるには、それらを現実として受け入れ、それ以上考えずにすぐに無視することです。議論してはいけません。鐙は本当は問題なく、犬は害を与えず、恐い物は消え、そして風は問題になりません（図22）。結局、あなたの騎乗感覚と集中力はほとんど混乱しません。

　あなたは楽しみながら練習することもできます。もう一

4. 習得と脳

㉒ 集中していれば、気を散らすものに惑わされることはありません

度輪乗りをしてみましょう。あなたのビデオテープを使って、右脳と左脳の間で、巻き戻したり進めたりして下さい。呼吸法とソフトアイを使い、自分をセンター（体の中心）に置いて下さい（右脳）。そして脚の位置を正しくして下さい（左脳）。今もう一度あなた自身をセンターに置き、脚の位置をチェックし直すなど、戻したり進めたりして下さい。それはゲームのように簡単で楽しくなくてはならないし、つまらなくてイライラしてはいけません。すぐに脚の扶助をより少なくした状態で乗っていることに気付きます。何故なら脚の位置はセンタリングによってきちんとした位置に置かれ、同時に動くからです。そこであなたは楽しく輪を描くことに集中しています。あなたは自分自身を解放し、集中したのです。もし無理に「輪に集中するぞ」と決意していたら、たぶんこのようにはならなかったでしょう。

自覚と自分探索

　私が教えているのは、ライダーに与えられた情報を吸収し、それを自主的に使えるようになってもらうことです。しばしばライダーは私の存在に頼るようになってしまいます。1人でうまくできるようになる前に、どのように自分の体が動くかについて、正しい知識を持たなくてはなりません。ひとたびあなたがこれを確立すれば、私はあなたの知識を増やし、より独立するための手助けができます。

　人の体は2歳頃まで自然な動き方をします。その頃を過ぎると、社会的習慣で自然な動きを禁じるようになってきます。例えば、合わない椅子に座っている子供が体をゆらゆら揺らすのは、健康な体が心地悪くて、そうしたくて、またそうすることが必要で行っているのにもかかわらず、止めさせられます。私達が生活をしている社会的状況が、たくさんの正しくない筋肉のパターンを作ります。次の探索練習では、悪い癖を追いやって、正常な正しい習慣を得る手助けをします。

　おそらくあなたは動けるようになる前に、正しくなくてはいけないと考えて1つの問題点に集中しすぎているのでしょう。正しくすることに夢中になっている時は、体の他の部分を無視してしまっています。そうすると体はゆがみ、緊張して、バランスを失ってしまいます。このような心地悪い感覚を持ち始めたら、体全体を、部分から部分へ探索してみて下さい。どこか1カ所で長々と考えるのは止めましょう。あなたはいくつかの驚くべき発見をするかもしれませんし、全く何も発見しないかもしれません。気にせず、来るものすべてを受け入れましょう。もっと背が高く、やせていたらなぁといつも思っている小さいずんぐりした体の人は、体がもっと空間が欲しいと言っているのを発見するでしょう。左脚の効果がでない時は、お尻の左側、あるいは首にさえも緊張があることが、本当の原因だという意味かもしれません。あなたの気付いていなかった問題が明らかになります。

　意識を体の一部分に集中している時はいつも、あなたはエネルギーをその部分に注いでいます。その問題のある場所に特別な修正を無理に加えようとして、エネルギーを浪費すべきではありません。なぜなら正しくない癖について長々と考え込むことになるからです。正しい方法は、素早くあなたの意識を体の他の部分に向けることです。その時

残されたエネルギーは問題を修正することに使われます。そうすることによって、どのように使うか知らなかった筋肉を使うことができるでしょう。

　ライダーがこの探索を通して運動しているのを見るのは魅惑的です。生徒の体がだんだん柔らかく、流動的に、背が高く、バランスが良く、脚がより長く柔軟に、足首と膝は柔らかく、手は敏感になるのを見てとれます。このようなエクササイズで実証されるのは、あなたが体の中に作った筋肉や緊張の妨害を取り除くことができれば、よりバランス良く、効果的な方法で体が自然に機能し始める、ということです。

　1人の少女に「スウィフト先生と一緒の時は言われたことの90%ができるのに、1人の時は40%ぐらいしかできない」と言われた時、彼女達が携えていられる、もっと良い道具を与えなくてはならないと強く思いました。彼女はレッスン中、今まで述べてきた自分を自覚するエクササイズを念入りに練習しました。レッスンの終わり頃、彼女は無性に嬉しくなりました。彼女はそんなに上手に乗れたことはありませんでしたし、彼女の馬がこんなに前に出て、軽く、バランスがとれたことはなかったからです。しかし最も大切なのは、いつでもどこでもこの方法を使える、この教えを持って行き、1人でできるという彼女の気持ちだったのです。

The Essentials & The Results

習得と集中の基本は？

- ハードアイと左脳を使って、特定の動きにおける正しい機能と感覚を確認します。
- ソフトアイと右脳を使って、感覚が全体の一部として右脳内で結び付けられるようにします。
- 自分の体や馬の体の問題のある部分について、長く考えすぎないことです。

習得と集中の成果は？

- 運動の各部分は全体に一致します。
- 体はより簡単に反応し、正しく機能します。

5 解剖学

Anatomy

　なぜ馬に乗るために、自分の骨格を理解しなければならないのでしょうか。多くのライダーは坐骨のこと以外、自分の骨についてよく考えることはありません。みな筋肉についてばかり考えているように思えます。実際には、骨のまとまりの上にまた別の骨のまとまりが乗っているといったバランスで体を上下させるのですが、骨格における関節のつながりと同様、バランスの良い調整されたライダーを作るためには、このバランスが正しくなければなりません。もし骨が正しいバランスの上にあれば、筋肉に要求される運動はより軽くなり、その結果緊張も少なくなります。私の生徒はよくこんな感想を言います。「骨格で馬に乗ることを学んでいると、とても楽に柔軟でいられます」（図23）。肺や横隔膜やその他の主な筋肉についての知識は、体の動きの感覚を鋭敏にし、その結果コントロールする力も高めてくれます。

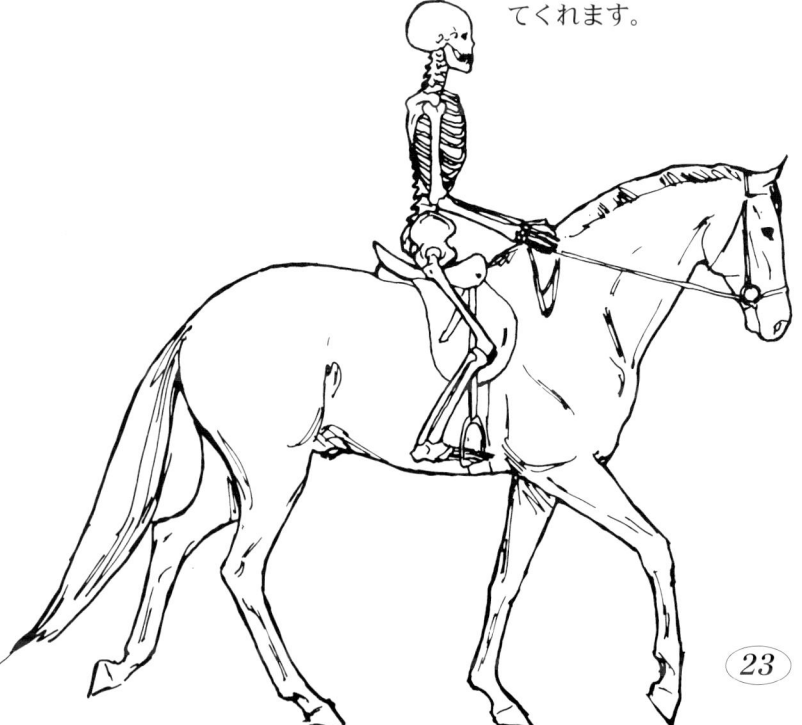

㉓　「骨格で乗る」ことを覚えれば、筋肉をそんなに激しく使う必要はないでしょう

骨盤と下半身

骨盤は騎座の基本です。骨盤は、融合して底のないボウルのような形になった骨の集まりです。背骨の下の部分は骨盤の後ろに仙骨として癒着しています（仙骨は指で触れれば簡単にわかる、大きな硬い骨です）。これは、上半身の重さは、脊柱と仙骨を通じて、骨盤の後ろに伝わることを意味しています。一方、脚は骨盤内でもっと前方にある、動きやすい腰の関節、股関節に付いています。坐骨は股関節の真下に付いています。そのため立っていても座っていても、下半身からの推力は骨盤の前部に流れます。

坐骨の後ろで尾骨（仙骨の下にある脊椎の最下端）の下部にお尻はあります。骨盤が正しく平行であれば、あなたは坐骨とお尻の両方の上に座れるようになります。骨盤は脊椎と坐骨をつなぐ橋のようになっていて、2つの間で衝撃をわずかに和らげるバネの役目をしています（図24）。

脚は両側で、骨盤の中程までに上がって来ています。大腿骨の頭部は球状で、その球は骨盤内の坐骨上部にある、非常に滑らかで、深く丸いソケットにぴったり合っています（図25）。この脚と骨盤の接続は球状関節と呼ばれていて、すべて軟骨で覆われています。軟骨と軟骨は互いに氷の上の氷のように滑りやすいのです。大腿骨は、骨盤内の股関節から膝に向かう前に大転子と呼ばれている部分に向

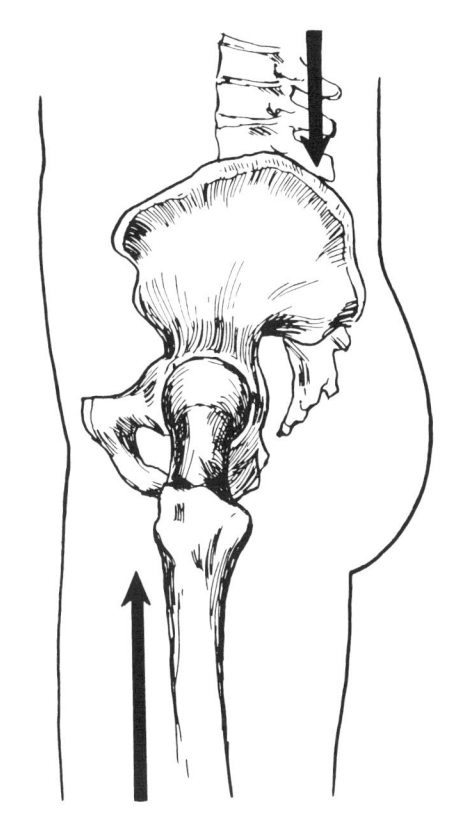

24 横から見た骨盤。脊椎の重みが後部に下がり、足からの力は前部に上がっていきます

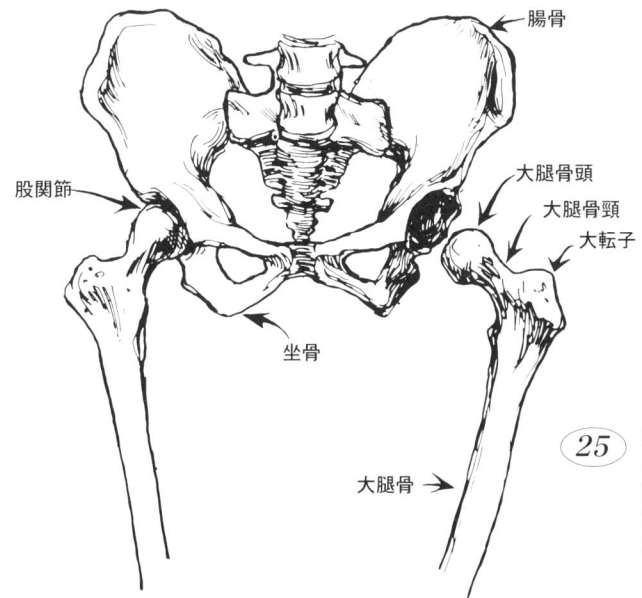

25 前から見た骨盤。大腿骨頭がどのくらい深く球状関節に入り込んでいるかに注目して下さい。また、取り外された大腿骨の、大転子と大腿骨頭との間の距離に注目して下さい

CENTERED RIDING

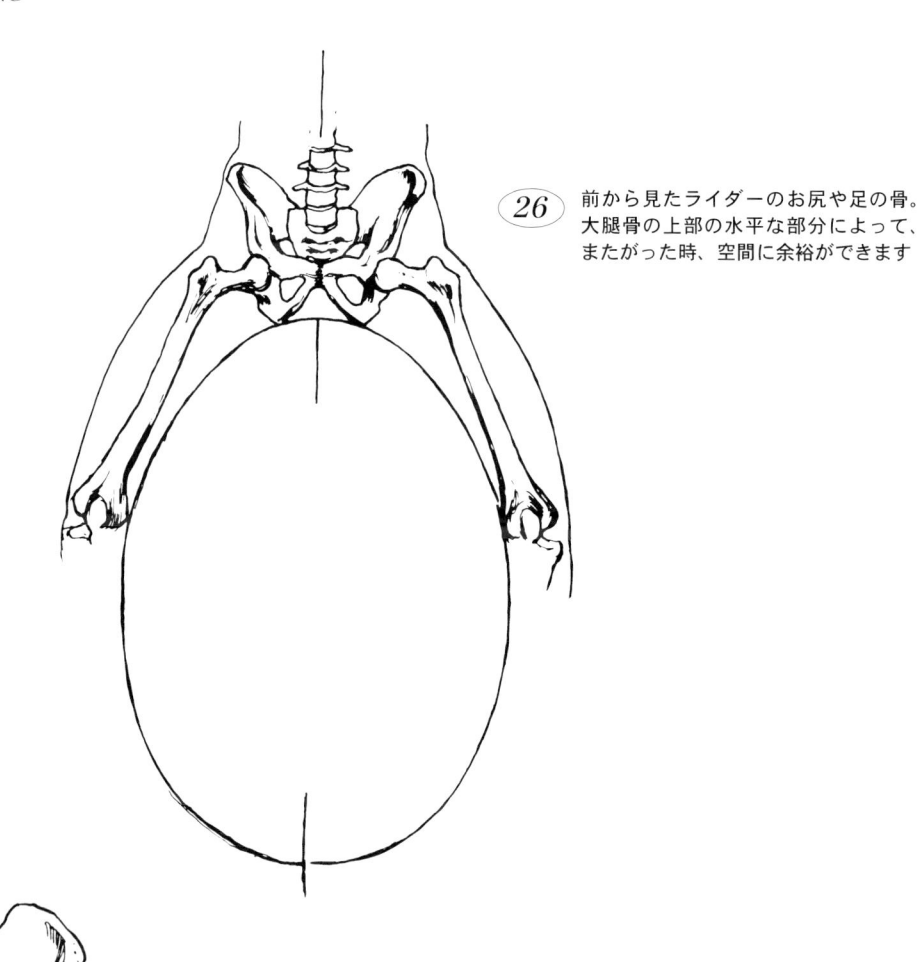

㉖ 前から見たライダーのお尻や足の骨。大腿骨の上部の水平な部分によって、またがった時、空間に余裕ができます

㉗ 股関節はとても自由に動きます

かって5〜8cm外に離れます。便利なことに、この間隔によって脚は大きく開き、馬の背にまたがることができます(図26)。このような位置関係のため、かなり自由に動く構造となり、そうしようと思えば、脚はとても広い範囲を動きます(図27)。プロのバレエやモダンダンスのダンサーは、脚を肩の方までしならせて完全な円を描くことができます。オリンピックのフィギュアスケートの選手は、片足を頭の上で持つことができます。しかし、ほとんどの人は関節の能力を最大限に使うことはありません。それどころか筋肉を張りつめて動きを禁じ、その弾力を失くしてしまいます。下半身から上に向かう力同様、上半身から下に向かう力も、すべて股関節を通らなければならないため、股関節はとても大切です。

股関節を意識する

正確にどこがあなたの股関節か手で探してみて下さい（図28）。指で関節の曲がるところを探すには、膝を上げたり下げたりして下さい。関節は思ったよりずっと低い位置にあるでしょう。膝の頂部からつながる帯が指の下で硬くなるのが感じられるのでしょう。関節はその帯の内側のちょうど下にあります。股関節がどこにあるのか、低いところで、確かに前面にあることがはっきり感じられるまで脚を小刻みに動かして下さい。

手のひらをズボンの横の継ぎ目に当てて脚を回転させて下さい。大転子が回転するのが感じられるはずです（図29）。股関節で回転しているヒレを想像して下さい（図30）。もしくは上の蝶番だけでぶら下がった門を想像して下さい。その木戸は重そうにひとつの蝶番でぶら下がっていますが、それでも門を閉めることはできます（図31）。股関節につながる大腿骨と骨盤の関係や、この部分の動きの可能性については、これらのイメージから理解できるでしょう。大腿骨を多くの筋肉と力を使って回すこともできます。あるい

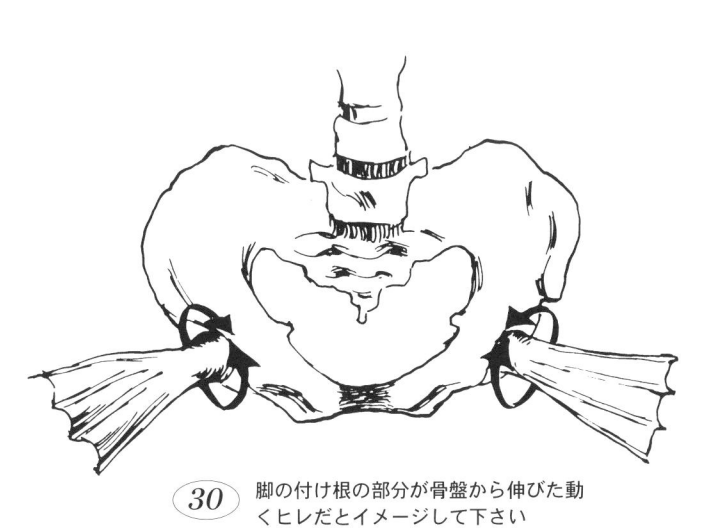

㉘ 股関節を見つけます。左手は股関節を指しています。右手は腸骨もしくは腰骨を指しています

㉙ 手のひらの下に大転子を見つけます

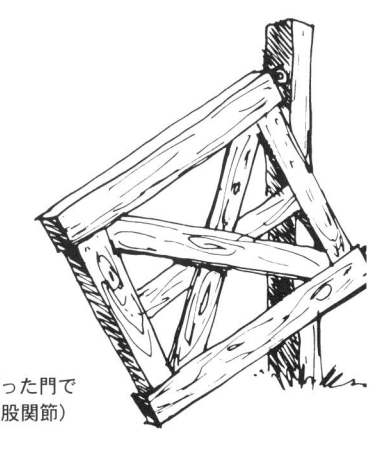

㉚ 脚の付け根の部分が骨盤から伸びた動くヒレだとイメージして下さい

㉛ 脚は上だけの蝶番でぶら下がった門であるとイメージして下さい（股関節）

a. 骨盤が前に曲がっています。背中下部がへこみ肩が丸まっています

b. 正しいバランスの骨盤。通常のわずかな脊椎のカーブと、まっすぐな強い背中になります

c. 骨盤が後ろに曲がっています。丸い背中と肩になり、胸はへこみ頭が突き出しています

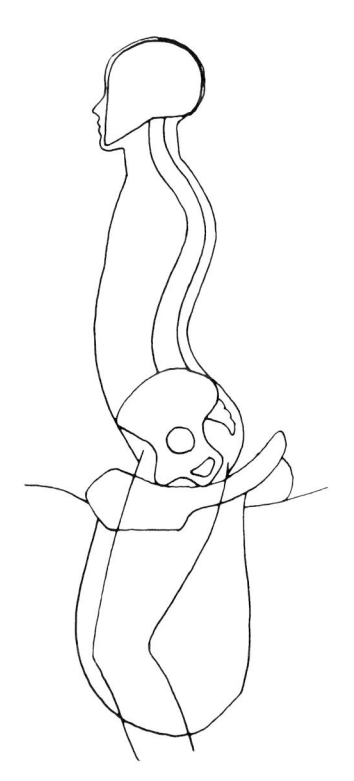

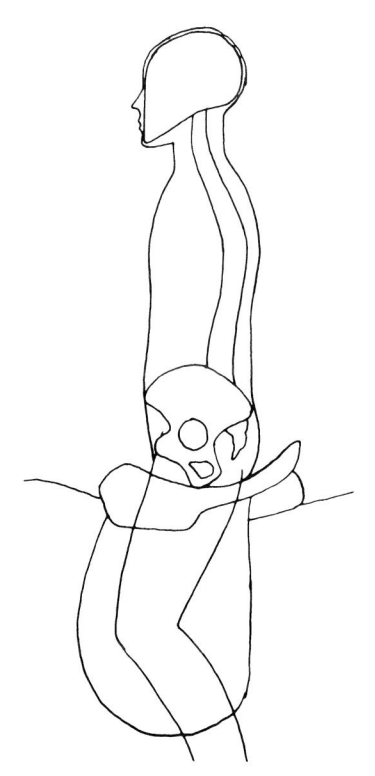

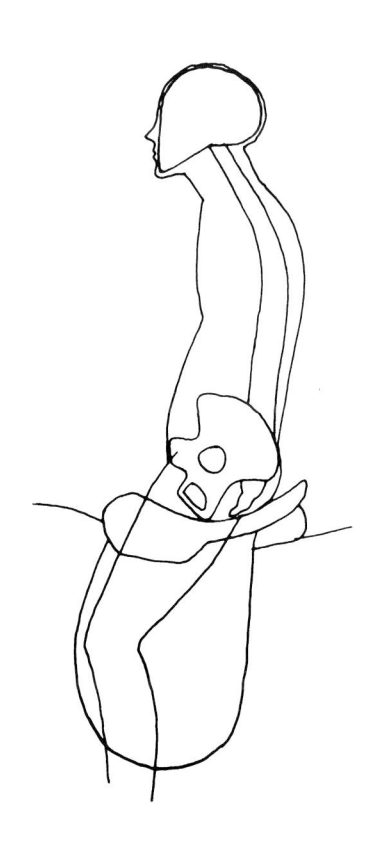

はそうせずにソフトアイを使い、心の中のビデオを再生して、まるで細い紐によりやさしく上方へ引っぱられて大腿骨を頂部から回転させているかのように、大転子が筋肉を通って前方へ動くのを見ることができます。これはほとんど筋肉に関係なく行うことができます。あなたはソフトアイを使い、そして心の中で見なければなりません。

座っていても立っていても、骨盤の動きは背中下部と股関節の動きに密接な関係があります。背中下部をくぼませると、骨盤の前部を下げ、後部を上げることになります。なぜなら脊椎は骨盤の後ろにくっついているからです（図32a～c）。この動きは股関節における脚と骨盤の角度を変えてしまいます。仙骨を坐骨の上に置くことになり、すべての弾性は失われます。背中下部を丸くすると傾きは逆転します。このように、背中下部の動きは、骨盤と股関節に影響を与え、これはつまり骨盤の動きは背中下部と股関節に影響を与えるということです。しかし、脚は他に影響を与えずに股関節に働きかけることができます。

鐙なしで馬に乗り、背中の下の方、肋骨と骨盤の間の、5つの腰椎骨に手を置いて下さい（図33）。背中のこの部分はまっすぐか、前に向かってほんの少し曲がっています。もし前方にへこんでいたら、もっと鞍の前に骨盤全体を持っていきましょう。そうすれば坐骨も前に来ます。背中をリラックスさせ、伸ばしてあげましょう。そうするとお尻が鞍の上に乗るようになり、先ほど鞍の前に移動することによって空いたスペースに埋まるでしょう。多くの人がこの姿勢がより快適で、リラックスできることを知り驚きます。

柔らかくまっすぐな背中が目標であることを思い出すことが大切です。背中をへこませると、すぐその部分に緊張を感じるでしょう。緊張したくないのですから、その部分をまたリラックスさせて下さい。股関節と太ももの上部に意識を向けて、もう一度背中をへこませて下さい。そうすると、太ももがぎゅっともち上がりがちになることと、どのように緊張が股関節に生まれるかについて注意してみて下さい。

背中下部を丸めてしまうなら（へこませるのと反対のこと）、センター（体の中心）と腰椎が前方や上方に動く感覚についてよく考える必要があるでしょう。これによって背骨がまっすぐになり、骨盤が前に傾きます。そうすると骨盤の前部が下がり、水平になります。もうお尻の後ろの方で座ることもなくなります。

㉝ 腰椎に当てた指

馬の快適さについて考えてみて下さい。馬はあなたの全体重のかかった硬い２つの坐骨を背中に感じたいと思っているでしょうか。それとも、お尻だけではなく坐骨もより柔らかくなりしっかりと支える面となって、その上に体重が均一に広がるのを感じたいでしょうか。馬が後者を好む方にあなたは賛成してくれると思います。

　次にこのエクササイズをやってみて下さい。鐙をはかないで馬を歩かせて下さい。前に説明したように坐骨とお尻の上に座り、馬の背中の動きの推力を感じて下さい。馬が動いた時、どんな感じがしましたか？お尻と太ももの裏面を完全にリラックスさせて下さい。あなたのベルトから鞍までの背中側にあるすべての筋肉と、腹筋もまた柔軟にして下さい。自分から動かず、馬の動きに体をまかせて下さい。手を当てて背中下部が柔らかく静かな状態か、股関節が自由に動いているかを感じて確認して下さい。

膝と膝から下

　馬に乗っている時、膝から下の部分がなく、太ももの下から重りの付いた細い紐がぶら下がっていると想像して下さい（図34）。馬に触れないように、この重りを前後に振り、同じような感じで両側の膝から下を前後に振って下さい。両脚とも紐でぶら下がった重りのような感じでリラックスさせて振って下さい。脚を前に押し出したり後ろに引いてはいけません。初めの間だけ動かして、後は脚そのもののはずみで動き続けるようにして下さい。そして左右の脚を交互に振って下さい。自由な心地良さを感じるようになったら、次は両脚をそろえて前後に振ってみて下さい。

　比較するために、今度は脚を振るのではなく、膝の筋肉で前に押し出したり、後ろに引いて下さい。前後に動かすたびに少し止めて下さい。自由に振るのに比べて、こうするともっと力が必要になり、とても硬く緊張してしまうことがわかるでしょう。この膝の自由は、後で速歩や駈足で座る時に必要になります。この感覚になじんで下さい。

　次に、脚をリラックスさせ足裏が外、後ろなどすべての方向に向くように足首と脚で大きく輪を描いて下さい。時計回り、半時計回り両方で行ってみて下さい（図35）。向こうずねのあたりの筋肉を硬くしないで下さい。あなたの膝から下は膝からぶらんと下がっていなくてはなりません。

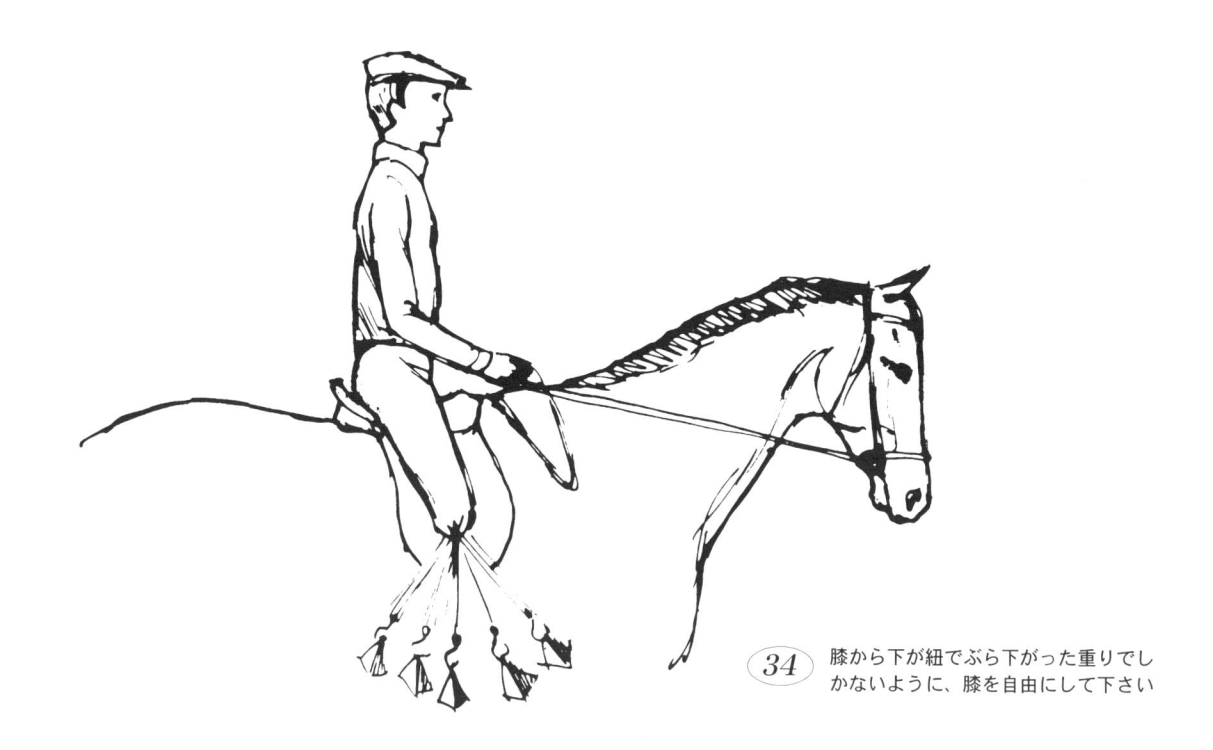

5. 解剖学

㉞ 膝から下が紐でぶら下がった重りでしかないように、膝を自由にして下さい

足首と脚をたくさん動かさなくてはなりません。ブーツの中で足の指を広げて、爪先もその動きに組み込んで下さい。さらに脚を旋回している時、爪先を外や上に立てて下さい。とりすました女性が紅茶を飲む時に小指を立てるように、足の指を立てて下さい。爪先はそれを気に入るでしょう。足が活発になり、足首がしなやかに柔軟になったのを感じて下さい。

ここで、骨盤と脚の協調を助けるために脚全体のエクササイズをいくつか付け加えることができます。片脚を後ろに、もう片脚を前に、お尻から交互にはさみのように振ります。脚を後ろに引くたびに、踵を馬の後肢の方に下げて下さい。この運動は股関節を開きます。小さい動きで十分です。骨盤をひねり、体を伸ばす時に坐骨やお尻や脚の後ろ側を持ち上げてしまうので、背中をへこませたり緊張させたり、お尻を硬くしないことが大切です。上半身を巻き込まずに、坐骨とお尻で柔らかくバランスを取る感覚を見

㉟ 脚を回している間、脚や膝をリラックスさせて下さい

39

CENTERED RIDING

つけられるよう、3回前後にスイングして下さい。

次のエクササイズは、一方の脚を馬体から横にまっすぐ伸ばし、下ろします。脚を持ち上げ続けるのではなく、ただポンと持ち上げて下ろします。横から見ると、耳と骨盤の下でまっすぐになっている必要があります。片方の脚で感覚をつかめたら、両脚でやってみましょう（図36）。遠くまで持ち上げる必要はありません。あなたが柔軟であればあるほど簡単です。一部の人にはこれはとても難しいエクササイズのようです。あなたもそうであれば、一度にやりすぎないで下さい。腱を痛めてしまわないように！

もう一度脚を楽な位置に置いて、鞍の中央に座り、自分自身を蹴るような感じで片脚の踵と膝から下をお尻の方に持ち上げて、そしてまた降ろして下さい。お尻と太ももが硬くなったと感じましたか？もう一度トライしてみましょう。でも今度は、踵に結んだ紐で脚を持ち上げることを想像して下さい（図37）。あなたはソフトアイと呼吸法とセンタリングを使って、本当に集中しなくてはなりません。お尻と太ももの筋肉を使わないようにして下さい。紐を働かせて下さい。脚を少し持ち上げて、筋肉が硬くなる前にまた落として下さい。これを数回行って下さい。1回上げる

㊱ 両脚を横にスイングします

㊲ 膝から下をお尻に向かって持ち上げます

ごとに、緊張せずに、踵をより高く、より長い時間上げられるようになるでしょう。片脚で上手くできるようになったら、もう片脚でも練習してみましょう。そして腕を両横に伸ばして両脚同時にやってみましょう。これを上手くできるようになった時、お尻がもっと体の下に来て、太ももと膝は鞍をはさむことなくぶら下がり、深い騎座の感覚が得られることに注目して下さい。

ここまでに、筋肉の硬さや緊張はなくなり、ウエストは下がって心地良く感じるでしょう。坐骨やお尻、太ももの裏側を通して広い静かな感覚を得るでしょう。背中下部は長く柔らかく感じるはずですし、脚は馬のまわりで心地良いでしょう。下半身すべての部分に馬とのリズムに合った動きがあり、バランスの取れた感覚があるでしょう。

骨盤と上半身

脊椎は骨盤の後ろから上方に伸びていて、何カ所かで曲線を描いています。注意深く脊椎の側面を見ると、脊椎の前の曲線は後ろの曲線より大きく、特に腰椎の中でも、椎骨が厚くなっていく部分では、曲線がよりはっきりしていることに気付くでしょう（図38）。正しくバランスのとれた体を横から見ると、腰椎部分の重い筋肉によって背中下部はほぼまっすぐに見えます。胸郭（肋骨）を通る背骨は少し後ろにカーブしていますが、前に曲がっていることはありません。首の部分のもっと小さな7つの頚椎は優雅に前方へ曲線を描いて頭へとつながっています。

脊椎の曲線がそれぞれ互いにバランスがとれていて、曲がりすぎていたりまっすぐしすぎたりしないことはとても重要です。頭を前に突き出すと、頭とバランスをとるために自動的に脊椎を肩甲骨の下に押し出すことになります。そして、そのでっぱりは背中下部をへこますことになります。その結果、バランスをとろうと骨盤の前部、恥骨の部分は下に落ち、お尻は後ろでつり上がるでしょう。ここでよくある前屈みの姿勢について解剖学的に説明しましょう。前屈みによって起こる最初の問題は、頭を突き出してしまうことです。頭を正しいバランスにするためには、ただ頭を引き戻すだけではできません。脊椎の整列をすべて通常に戻して、胸椎と腰椎両方の背骨の曲線をゆるめなくてはなりません。いったん背骨が長く伸ばされ、正しい曲線に

㊳ 脊椎はそれぞれ異なる厚さを持つため、その湾曲は後ろより前へ大きく曲がっています

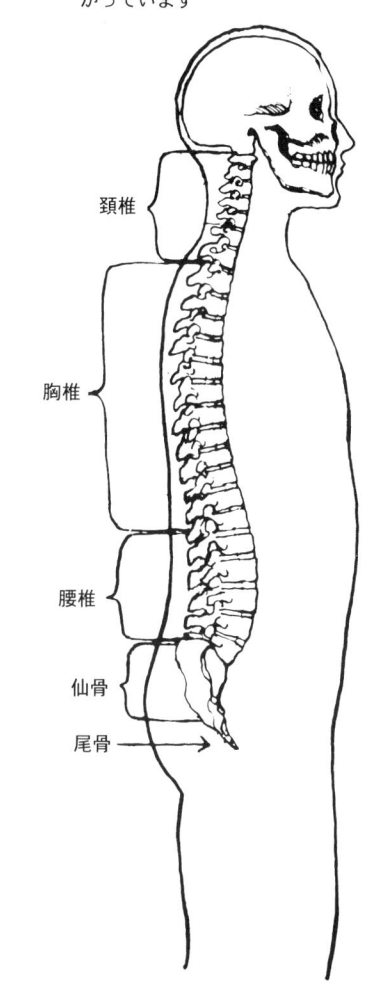

頚椎

胸椎

腰椎

仙骨

尾骨

なると、骨盤は自然に水平な位置にぶら下がります。

　このように脊椎を伸ばすために、操り人形のように頭のてっぺんを紐でぶら下げられていると想像して下さい。自分の手で、両耳の間にある頭のてっぺんの髪の毛を少し、まっすぐ上に引っ張って下さい。その時、顔が垂直にぶら下がり、首の前部は柔らかく、後部はやや伸びた感じがするでしょう。強く前髪を引っ張ると顎が突き出し、首の前部がつまった感じがするでしょう。また強く後ろの髪を引っ張ると、首の前は顎で押しつぶされてしまうでしょう。バランスのとれた感覚が確信できるまで髪を正しく引っ張って下さい（図39）。その位置で、上へ引く力を創り出すための想像力を働かせ、同時に背骨を精一杯ゆるめて下さい。正しい感覚に注意して、自然な動きが起こるようにして下さい。

　背骨のすべての部分が同じように動くのではありません。首が最も自由に動きます。胸骨も少しは動きますが、肋骨が邪魔をして動きは制限されています。腰椎は前後左右にかなり自由に動きます。

㊴ 耳の上の頭のてっぺんの髪の毛を
　　まっすぐ引っ張り上げて下さい

5. 解剖学

自由な肩

　肩は肩帯（ショルダー・ガードル）という複雑な骨の集合によって形成されています。肋骨の上部をぐるりと取り囲んでいるので、そう呼ばれます。2つの鎖骨は帯の前部を、肩甲骨は後部を形成しています。肩帯はたった1カ所で肋骨にくっついています。そこでは靭帯が、胸骨の上部に、鎖骨を蝶番のようにつなげています。そのため肩は、頭や首にくっついた筋肉からぶら下がって、自由に動くのです。

　この最後のイメージを心に描いて次のエクササイズに挑戦して下さい。肩を大きく、自由にゆるやかにまわして円を描きます。肩をゆっくり耳の方に上げ、後ろに引きます。そして完全に力を抜いて下に落として下さい。これを行う時、肋骨の上で肩甲骨がどのくらい動くか、円を描く際に上げる－後ろにまわす－落とす－の部分で肩甲骨がお互いにくっつきそうになることを感じて下さい（図40a～c）。これは肩帯に何の緊張がなく、さえぎるものもなく、伸び伸びとしたエクササイズでなくてはなりません。頭のバランスをとることを忘れないで下さい。

　このエクササイズが、簡単に肩・腕・頭を正しくリラックスした姿勢を確立し直すための方法として使えることがわかると思います。肩をぶらぶらの状態で下げると、肩は耳の下方の、あるべき位置に落ちるでしょう。そして腕はそこからぶら下がり自由に動くことができます。肩を前に出しすぎる人は、一般的な傾向として、肩甲骨を無理にくっつけるようにして、肩を後ろに引いて胸を突き出すようにと指導されることが多いようです。そうした姿勢は硬さを生み、緊張が体の背側の動きを押さえつけます。あなたが欲しいのはこのような体ではなく、馬とバランスをとり、動くことができる柔軟で自由な体です。

　馬場馬術競技が行われている時、私はライダーの1人が肩を前に出して緊張し始めるのを見つけました。馬の動きはだんだん小さくなりました。彼女はコーナーで、肩を上げる－後ろにまわす－落とす－を素早く行って自分自身と馬を自由にしました。彼女は平凡に終わりそうだった演技を素晴らしく完成させました。

　肩についてもう一度考えてみましょう。今度は肩にかかった天秤棒を想像しましょう（図41aとb）。突き出した棒の両端から紐が下がり、水やミルクの入ったバケツが結んであります。あなたの肩や腕はこの天秤棒にとてもよく

40 肩甲骨と肋骨を上から見る

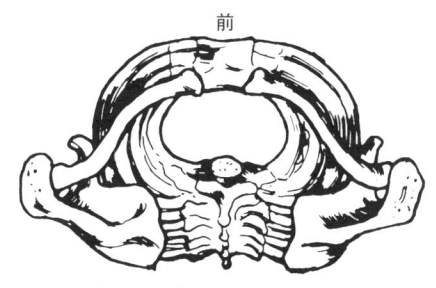

a. 肩は後ろに下がり、肩甲骨は引っ張られ互いに接近しています。この姿勢では緊張が生まれます

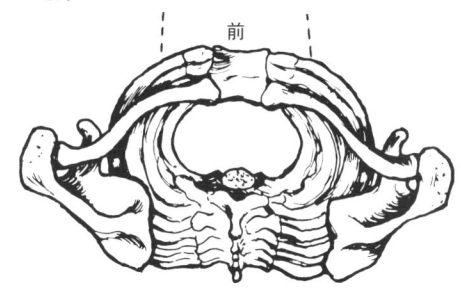

b. 正しく下がった肩

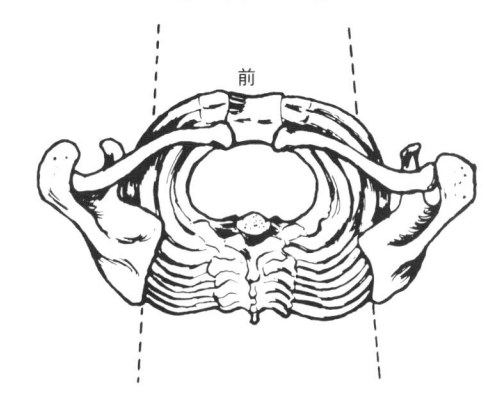

c. 前に下がった肩。肩甲骨は引っ張られ離れます。この姿勢では、背中は肩甲骨の間で出っ張り、胸骨は鎖骨によって押し下げられ、胸を圧迫します

CENTERED RIDING

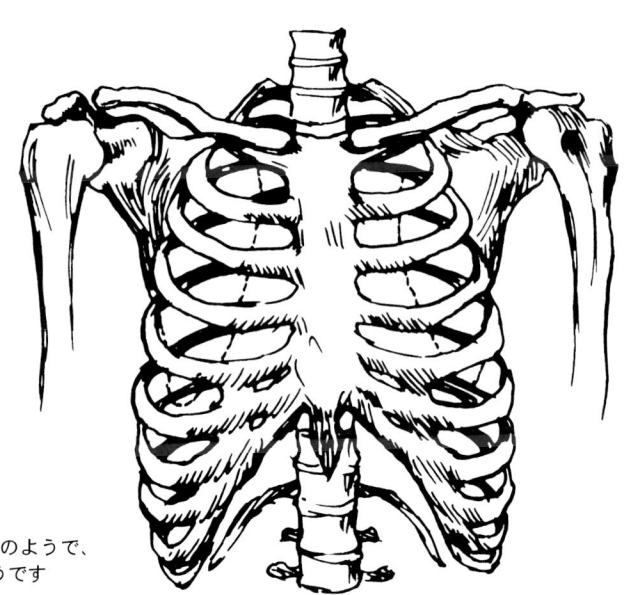

㊵ aとb.
肩帯は肋骨の上の天秤棒のようで、手はバケツを運ぶ紐のようです

似ています。鎖骨や肩甲骨は、肋骨の先に突き出し、肩の先で交わっています。そして腕はそこからぶら下がっています。片腕が天秤棒からぶら下がったロープだと思って下さい。そして自由に振ってみましょう。リラックスして、肩先を取り巻く筋肉をすべてゆるめなければなりません。両腕を振った方がやりやすいようでしたらそうして下さい。その腕を、肩の筋肉によって邪魔されずに、滑らかでリズミカルな動きを感じるまで振り続けて下さい。

もしこれが難しければ、まず片腕をゆったりと下げて、次に肩先の筋肉を硬くして、握り拳を作って下さい。ゆっくりと5つ数え、そして肩と手を完全にリラックスさせて下さい。これを3回繰り返し行うと、腕の骨が肩帯から独立し、自由になったと感じるでしょう。そうすると確実に、天秤棒から下がったバケツのように、腕を振ることができるようになるでしょう。

肩がバランスよく下がり解放されていると、肩甲骨の先が肋骨に平行に静かに収まっていることに注目して下さい（図42）。一方、肩先を前に出し、背を丸くして、肩甲骨が

翼か何かのように突き出るのをよく見かけます。こうすると、鎖骨は押し合わされ、隙間がなくなり、胸骨につながっている端の部分を押します。それによって胸骨や肋骨前部は引き下げられ、最終的には肺、横隔膜、胃、肝臓などを圧迫してしまいます。何という混乱でしょう！これがよく知られている前屈みの姿勢のすべてです。

　これを直すために、鎖骨を思い描いて下さい。鎖骨を横に水平に浮かべるようにして下さい。押さないで、伸ばしてやり、体から外に出て木や草原に向かって流れ出るにまかせて下さい。こうすると優しく胸骨と肋骨が持ち上がります。体の前面がリラックスし、肩は楽に下がり、体全体がもっと開放的にバランスがとれ、自由になります。鎖骨を広げ背中下部を伸ばすのは素晴らしい2つの感覚です。これに馬と一致した体全体の動きに関わる感覚が加われば、より満足すべきものとなります。

肋　骨

　肋骨は肩帯の傘の下にあります。左右両側の肋骨は脊椎から下がっています。そこからカーブを描いて体の前面にまわり込んでいます。肋骨は可動性のある軟骨によって胸骨前方につながっています。肋骨上部はほぼ水平にまわりこみますが、肋骨と胸骨をつなぐ軟骨が長くなるにつれ前方に出るため、下部になるほど下に向かう傾向は強くなります。最も下にある2対は浮動肋骨と呼ばれ、どこにも付着せずにつき出しています。体の脇で肋骨の一番下をさわると、その骨がどこで終わっているか感じることができます。胸骨の最下部も指で探してみましょう。そこが横隔膜の前面です。

　肋骨が脊椎に付着しているので、上下前後への背中の動きはいくらか制限されます。しかし、肋骨前部は長い軟骨のおかげで、かなり大きく動くことができます。私は各々の肋骨をドアとみなすのが好きです。ドアの蝶番側の部分は、背骨と肋骨が付いている部分で、そこはあまり大きく動きません。しかし、ドアの掛け金側はよく動きます。肋骨の前部や側面は、私達が考えているよりはるかによく動くのです。横隔膜を使って呼吸するたび、吸い込まれた空気は、肋骨をやさしく持ち上げ、広げます。そして空気が吐きだされると、肋骨は下がります。この上半身を通る伸

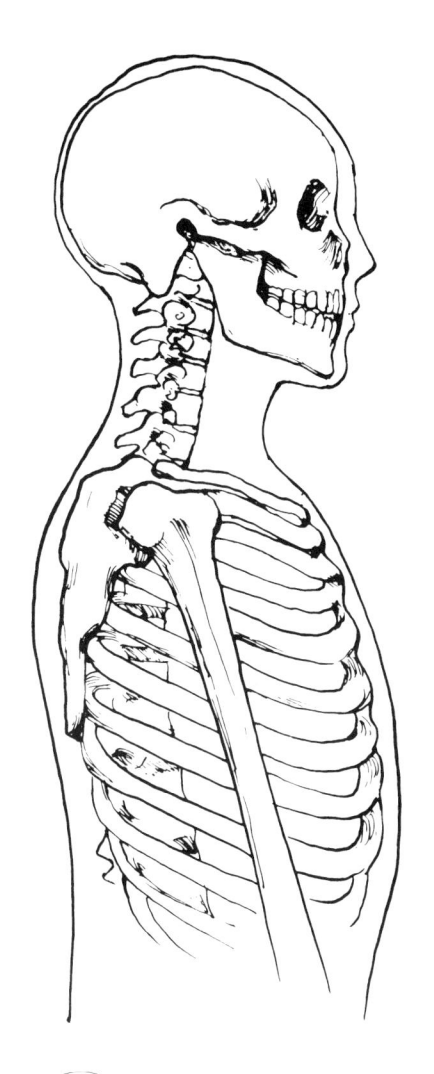

㊷　肩甲骨は肋骨に平行になります

CENTERED RIDING

縮と自由の感覚を維持できれば、あなたのライディングは限りなく向上するでしょう。

首と頭

　首は肩帯から伸び上がっています。そして頭はてっぺんでバランスを取っています。首の後ろにさわるとわかる骨がありますが、棘突起（きょくとっき）と呼ばれ、重さを支えてはいません。重さを支えている部分はもっと頸椎の内部で椎体（ついたい）と呼ばれています。この部分は両耳たぶの間で頭とつながっています（図43）。耳は中心になり、その後ろには大きな頭があります。もっとこの新しい考えを理解するために、首を使わずに、頭をできる限り小さく振ってみましょう。横に、前後に、頭と首のつながりの中心を感じ始めるまでやってみて下さい。顎はちょうど耳の下でゆれます。歯を食いしばらず、自由にして、目を上げ、リラックスしてまっすぐ前方を見ましょう。胸骨の上部が軽く高く感じると、首と頭のバランスをとることはより簡単になるでしょう。

　この小さな動きをしている時、頭がビリヤードの球で、それをスティックの先端に乗せてバランスをとっていると想像して下さい（図44）。馬に乗っている時には、いつも動きがあり、あなたは常にスティックとボールのバランスを取り直さなくてはなりません。ぐらぐらしないように球をスティックに接着剤で固定してしまうこともできますが、頭を首に固定すると、あらゆる種類の緊張が生まれます。緊張は追放したいものです。そのために接着剤ではなく、バランスを使いましょう。

　もし頭が正しくバランスをとっていれば、あなたは頭の重さが背骨を通って最終的に頭のバランスの土台となる、坐骨とお尻へと伝わるのが感じられることに気付くでしょう。この感覚を見つけ、認識する時間を作って下さい。顔がまっすぐ前を向いて、頭の中心が首の上に心地良く乗っているのが感じられるようになるでしょう。

　頭と肩のバランスが良くなったので、頭を道具として使ってみましょう。重さは大体5〜7kgあります。7kg位の麦を持ち上げてみるとけっこうな重さです。次のエクササイズを試して下さい。馬を常歩で歩かせている時、頭を前に倒して、まるで死んでいるかのようにぶらんと下げて下さい（図45）。これを背骨をストレッチするのに使って下

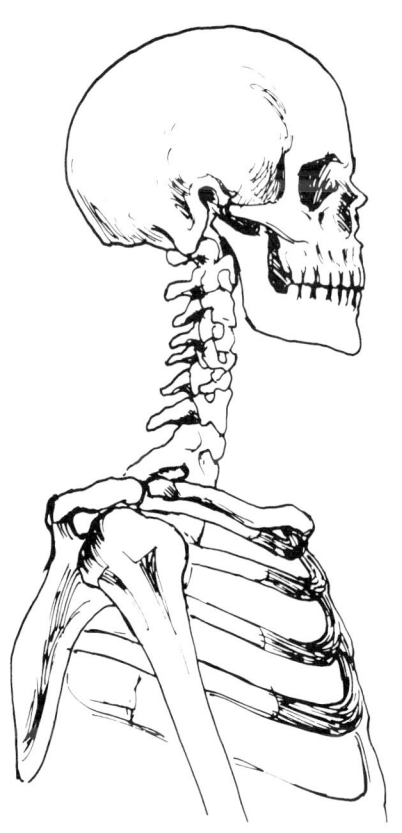

43　首の上、ちょうど両耳の間で、頭はバランスをとります

44　キュー・スティックの先に乗せたビリヤード球のように、頭のバランスをとって下さい

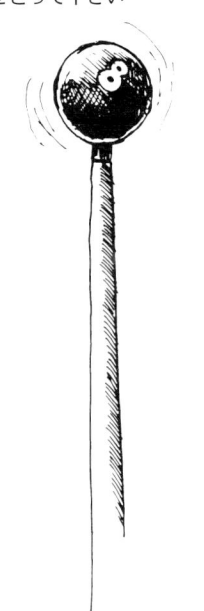

さい。ソフトアイと心の中のビデオの助けを借りて行うこともできます。どの姿勢が最もリラックスするかによっては、背骨を曲げたくなるかもしれませんし、曲げたくないかもしれません。背骨の後ろの部分が伸びるのを、骨から骨へ、首を通り、肩甲骨の間を下降していき、下の部分がゆるんでいくのを、確かめながら感じて下さい。それから、横隔膜や肋骨の下部にもストレッチを広げて下さい。これは難しい部分ですので、本当に感じるのに十分な時間、頭の中で続けてみて下さい。その間呼吸法を持続して下さい。最後に、腰の部分にある肋骨より下の背骨（腰椎）をストレッチして、尾骨までずっと下げ続けて下さい。体や背骨のことを部分から部分へと考え、一番下に着くまで、このエクササイズに十分な時間をかけて下さい。

またまっすぐに座って、バランスをとり、頭を後ろに倒しましょう（図46）。首から始めて、背骨と体の前部をストレッチして下さい。鎖骨と交わるところで、その部分を上下に伸ばせるだけでなく、別々に広げることができると想像して下さい。肋骨前部を伸ばし、開くイメージを持続して下さい。肋骨の下部の横隔膜に達したら、それを前や左右に膨らませて下さい。腹部をリラックスさせて下さい。すると、より長くなります。顎から恥骨のカーブまで体を伸ばし終わったでしょう。もう一度まっすぐに座って下さい。

このエクササイズをそれぞれ2回行って下さい。そうすれば同じ感覚を得るまでに、もっと早く背骨を下がることができるのに気付くでしょう。横へもストレッチすることができます。この場合、両肩に向かって頭と耳を傾けますが、頭を前に傾けないように注意して下さい。首から肩帯へ、そして肋骨を通り、背中下部を下がって骨盤まで達して下さい。

45 頭を前に倒して、背骨を伸ばすために死んだようにぶら下げて下さい

46 体の前面を広げるため頭を後ろに倒して下さい

体の相互関係

　馬の上に座った時、この目的を実現するために何をしてきたのかを考えて下さい。あなたの体の様々な部分について、どのように見え、感じるかを学んできました。自分の体をもっと自覚するようになりました。ここでこれらの部分すべての相互関係について、じっくりと考えて欲しいと思います。あなたはすでに、背中下部と骨盤と股関節が、どのように影響し合っているかを知っています。背骨の曲線と頭のバランスが依存し合っていることもわかっています。徐々に、その他の相互関係もわかってくるでしょう。例えば、顎を硬くすると背骨と体全体に影響します。爪先を振り動かして、足を鐙の上で広く平らな感じにしてやると、背骨と首を柔らかくすることができるでしょう。肩を硬く固定していると、呼吸は浅くなります。首またはお尻を緊張させると何が起こるかを考えて下さい。体の部分はそれぞれ、何らかの点で大きくあるいは小さく、他のすべての部分に影響していますので、終わりはありません。

頭と首の自由とバランス

　もう一度、頭と首の自由とバランスが特別に重要であることについて話したいと思います。アレクサンダー・テクニークは、F.M.アレクサンダーがプライマリー・コントロールと呼んでいたテクニックを基礎にしています。頭を前に向けて起こし、背中を長く広くするために首を自由にして下さい。どの場合も何かが起こるように『する(make)』のではなくて『させる (let)』のでなければなりません。首を自由にするために、振り動かしてはいけません。それは物事を『している』ことになるのです。柔らかく空だと感じなければなりません。頭を適切に前に向けて上げるには、ソフトアイを使ってまっすぐ前を見て、頭のてっぺんから髪の毛が少し引っ張られていると想像して下さい(図39参照)。

　この組み合わせで、額の先から斜め前方や上方に流れるエネルギーが生じるでしょう。頭がこの方向に押されるのではなく、エネルギーだけがその方向に流れます。背中が、肩を通り、肩甲骨と横隔膜を通じて広げられると、背中下部とお尻も伸ばすことができます。仙骨は自由に下がり、骨盤は水平になるでしょう。この姿勢だと、体は自由になりバランスがとれ、乗馬におけるどんな運動にも対応でき

ます。例えば、頭と首を自由にすることで、股関節を柔らかく、脚を長くすることができます。

　アレクサンダーは、西洋の文化に最も浸透している身体的問題の一つが、首の緊張であることに気付きました。それは現代の生活様式のストレスが原因と思われます。毎日の生活で、騎乗中もですが、何回首を緊張させているでしょうか。椅子から立ち上がる時、書く時、急いでニンジンの皮をむく時、何かを深く考えている時、いずれの時も緊張することがあるのです。アレクサンダー・テクニークは体とその問題を自覚することを教えます。それから問題点を制することを学べます。これを練習する時に首に問題があったら、常歩で馬を歩かせ、首が空で自由であるかのように感じ、上半身の緊張なく、体を動かしてあげて下さい。

　全体の過程は微妙なもので、それほど躍動的なものではないのに対し、その結果は非常に大きく、活気づけるものとなり得ます。

　新しい感覚を自分自身に受け入れるようにしましょう。力ではなく、イメージを使って下さい。それから自然な動きに引き継がれるのを待って下さい。「自覚する」「抑制する」「許す」これらが鍵です。初めの２つは、インストラクターが大きな助けを与えることができますが、許すことはあなた自身からしか起こりません。

　体の自覚を増やしていくと、周囲の状況と同様、自分の内面についてもより大きな自覚をもたらします。癖を直すことは明確な判断力を育てます。バランスのとれた体によって、精神はバランスのとれた状態になるのです。

The Essentials & The Results

解剖学を知ることの基本は？

- 骨で乗って下さい。
- 股関節を自覚して下さい。
- 両脚をヒレのように股関節からぶら下げて下さい。
- １つの蝶番でぶら下がったドアのように脚をぶら下げて下さい。
- 背中下部を長く、柔らかいままにして下さい。
- 膝から下を紐にぶら下がった重りのように保って下さい。
- 踵を紐で引っ張り上げているところを想像して下さい。

- 肩帯を天秤棒のように感じて下さい。
- 鎖骨を伸ばして下さい。
- 首を柔らかく、頭のバランスをとって下さい。
- 体のあらゆる部分の相互関係を自覚して下さい。
- 紐でぶら下がった人形のように、頭のてっぺんの髪を少し真上に持ち上げて下さい。

解剖学を知る成果は？

- 体に対する自覚が増大します。
- 古い癖を直して、明確な選択をする能力を育てて下さい。
- バランスのとれた体はバランスのとれた精神状態を作ります。

Balance and Body Freedom

バランスと体の自由

　センタード・ライダーとして成功するためには、胴は水平にバランスがとれていなければなりません。鐙をはかずに脚を自由にぶらぶらにして、常歩で直線上を歩いている時に友達かインストラクターに後ろから見てもらいましょう。私が教えた人のうち、半分の人はまっすぐに座っていませんでした。1～5cmほど中央からずり落ちてるのです（図47と48）。後ろから見ると、この不均衡がはっきりわかります。何故なら、背骨の線とズボンの後ろの縫い目の線が、馬の背骨の上に来ていないのです。この線が鞍の中央上に来ていることもありますが、そうする鞍もまた片側に引っ張られています。ライダーの両足は水平に下がっていません。

　多くの人は左脚より右脚が強いものですが、どちら側の脚が強いにしても、体の強い側は反対側より短くなる傾向があります。もし右脚の方が強いとしたら、軽速歩で立ち上がる時、骨盤の右側へ向けてねじってしまうでしょう。そのため、右側の坐骨により多くの体重がかかります。その結果左の坐骨を感じることが難しくなり、左脚が短く感じます。この感覚を直そうとがんばっていると絶えず左脚を下に伸ばすこととなり、それが鞍と骨盤を左に引っ張ります。

水平の感覚

　馬に均等に座るためには、正確な水平のバランスを発見する手伝いをしてくれる人に地上に立っていてもらう必要があります。その人が後ろから見ている時、鞍を馬の背の中央に引き戻すために、右の鐙を強く踏みます。あなたが鞍の上に均等に座った時に助手に指摘してもらいます。その時、とても違和感のある嫌な感じ、まるで右に落ちそうな気持ちがするでしょう。

　でもそうではないのです！あなたは今、水平です。今まで慣れてきた感覚が正しくなかったのだという認識に向き

47　中心からはずれています

48　まっすぐに座っています

CENTERED RIDING

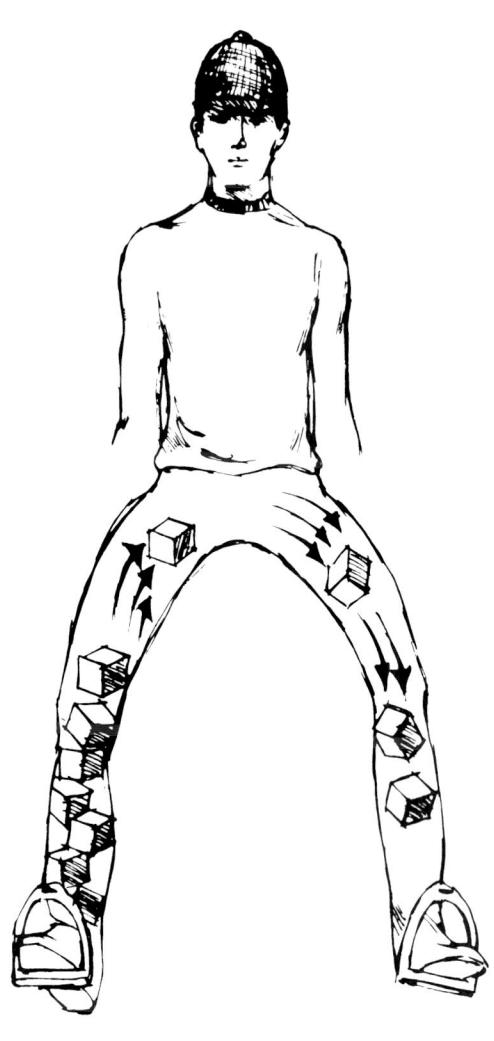

49 重い脚から体重を吸い上げて、軽い脚に落としましょう

合わなければなりません。この新しい、不愉快な感覚こそあなたが感じるべき点です！その上、あなたはこの感覚を覚えなくてはなりません。何故なら、それはこれからのライディング全般において必要になるからです。

　様々なエクササイズは、正しいバランスを保つ上で役立つでしょう。あなたは右脚の方が強いと仮定しましょう。その場合、鐙なしで歩かせながら、右手を頭上にまっすぐ上げて、指が空に向かって伸びていくのを想像します。右半身は自由になり、長く伸びるようになります。より安定感を感じられるでしょう。

　ソフトアイで歩き続け、あちこち小刻みに動かしたり、バランスを崩してみたりすることにより、この新しい感覚に関する記憶力を試して下さい。そしてまた新たに正しい位置を見つけて下さい。それから、鐙をはいて軽速歩を始めて下さい。どちらの脚、そしてどちらの足により体重がかっているかチェックして下さい。2、3歩毎に、方向は変えずに軽速歩の手前を変えてみるとわかります。

　あなたは右足に左足より体重がかかっているのに気付きました。そこで重く強い方の脚から体重を吸い上げて、軽く弱い方の脚に落として下さい（図49）。弱い脚は重さを一杯に受けると疲れるかもしれませんが、続けていれば強くなるでしょう。足の裏も同じような感覚があるでしょう。水平になりやすいように、足の指をブーツの中で開きましょう。

　軽速歩の手前についてご存じない方のために説明します。速歩では2拍子の歩調で馬の対角の前肢と後肢が1組となって交互に動きます。軽速歩では、馬の1歩に合わせて鞍に座り、次の1歩で立ち上がります。馬の左前肢と右後肢が地面に着いた時に座るのは、右手前の軽速歩です。右への輪乗りでは、これが正しい乗り方です。手前を変えたい時は2回続けて座るか、2回立ち上がります。

　正しく乗っていることを確認するためには、鐙なしで常歩しているところを定期的に誰かに見てもらうことが役立ちます。疲れていたり、2、3週間乗らなかったりすると、片寄った古い癖が戻ってしまうでしょう。乗るたびに、軽速歩で2、3歩ごとに手前を変えて平衡をチェックするのは良い考えです。これはバランスのとれた馬とライダーの成長にとって良いお目付役になります。

　この他にもバランスの問題があるでしょう。あなたは少し前か後ろに傾いて乗る傾向があるかもしれません。そう

(50) 助手が片手の指をライダーの肋骨最下部の背骨に置いている

すると本当に正しいまっすぐな姿勢を見つけることはできません。初めに、極端に上半身を前に倒して、次に後ろに倒しましょう。その時、脚を上半身に固定するように股関節と太ももの筋肉を硬くして下さい。さあ、股関節で脚を切り落としてしまったと思って下さい。そしてできるだけ大きな騎座で鞍に座り、脚を全く使わずに、どこで体のバランスがとれるかを見つけて下さい。この方法により、他の人のチェックなしでバランスを見つけることができます。

斜めのエネルギー

体と脚を伸ばす感覚を見つけるには、地上にいる助手に手伝ってもらうことが必要です。まず鐙なしで座り、馬に四肢をそろえて立たせて下さい。アレクサンダー・テクニークの教えについて、もう一度考えて下さい。頭を前方上方に向けてバランスをとり、背中を長く広くして、首を自由にして下さい。空っぽな感じにして、急激に回したりせず、ただ単に首を自由にします。５章で説明したように、頭のバランスを見つけて下さい。

助手に、あなたの背中に手を当てて、指を肋骨最下部の背骨に当ててもらって下さい（図50）。この部分から、首や頭を通って上方へ、また下方に広がり、伸びていくのを背中で感じるまで時間をかけて下さい。次に指先で同じ場所、肋骨下部をつかんでもらいましょう。助手の指先からあなたの体を通って、前上方に斜め上に、胸骨の上部から出て空に流れ出るエネルギーの線を想像して下さい（図51）。それを無理に押し出してはいけません。レーザー光線のように、努力しなくても体の中を流れるようにして下さい。同じような光線が胸骨上部から後ろ上方に、項（うなじ）から外に出るのを想像して下さい。この２本の斜めのエネルギーの流れにより、ハンモックで空中につるされているように、上半身を軽く感じるようになるでしょう。

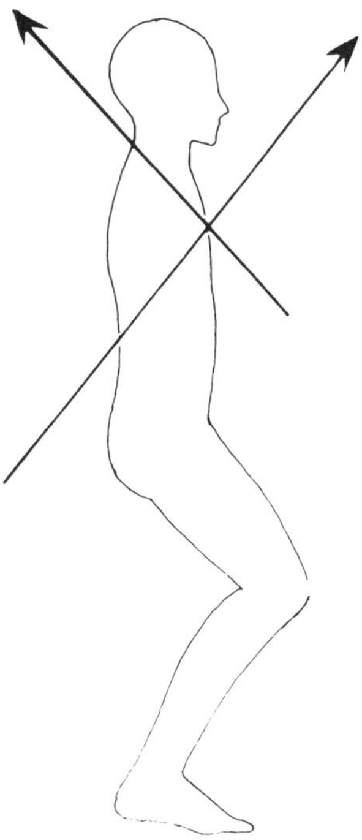

(51) エネルギーの斜めの流れ

CENTERED RIDING

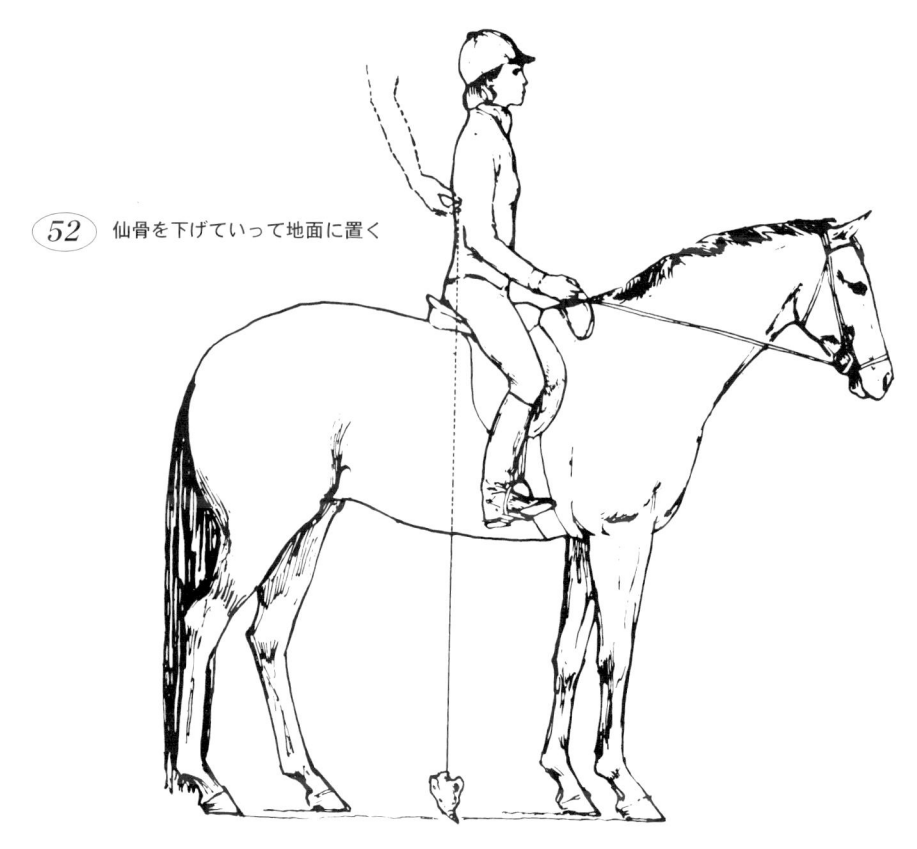

㊾ 仙骨を下げていって地面に置く

㊼ 最初に脚を引く助手の位置

　その空中に浮いた感覚を維持して、助手にあなたの仙骨（骨盤の後ろを通っている背骨の一部分）をさわってもらいましょう。そして肋骨の最下部に指を置いてもらいましょう。指先はあなたの体のすぐ内側にある仙骨につながっている紐を握っていると想像して下さい（図52）。想像の中で、仙骨を紐に付けたまま、鞍と馬体を通り抜け、馬の腹部から出たら地面まで下げて自然に落ち着くところへ置いて下さい。こうしていると背中下部、股関節、脚が柔らかくリラックスすることに気付くでしょう。

　次に、助手に鞍の後方で馬の横に立って、馬と同じ方向を向いてもらいます。助手は馬に近い方の手で、やさしくあなたの足首をつかんで、股関節から脚全体を痛まない範囲で、できるだけ後方へ引きます（図53）。助手が馬に近い方の手を使うことは、脚の外側を前に回転させるためにとても重要です（図54aとb）。筋肉が抵抗しているのに強く引っ張ると痛めてしまうかもしれません。体を探索してい

6. バランスと体の自由

る間、特に上半身でどんな緊張をほぐすことができるかを見つけている間、脚をその位置でつかんでいてもらいましょう。首の耳の下の部分と、脇の下、胸骨の後ろを柔らかくして下さい。ソフトアイを続け、センタリングして、呼吸して下さい。助手の手にかかる脚の力が弱くなったのに気付くでしょう。助手は痛めることなくあなたの脚をもう少し後ろに引けるはずです。脚を大きく長く後ろに引いているのに、お尻は柔らかくリラックスして鞍の上に座り、体はくつろいでいるでしょう。

今度は助手に、あなたの膝のところで馬の尾の方を向いて立ってもらいましょう（図55）。脚全体を外方脚の扶助の位置に動かしてもらいます。馬に近い方の手で軽く爪先を補助して、もう一方の手を足首の後ろに添えてもらいます。石が水の中に沈んでいくように、足が馬の後肢に向けて沈んで行くと感じて下さい。石を下に押してはいけません。ただそれを放って下さい。首と上半身を以前行ったように自由にし、センタリングして、呼吸して下さい。足と踵が自分から勝手に沈んでいくのは、不思議な感じがするでしょう。お尻を自由にすることによって、足は馬体にほぼ平行にぶら下がり、爪先は外を向かないことにも注目して下さい。何と素晴らしい外方の扶助でしょう。

最後に、助手にあなたに向かって立ってもらい、もう一度片手を軽く爪先の下に、もう一方の手を踵に添えてもら

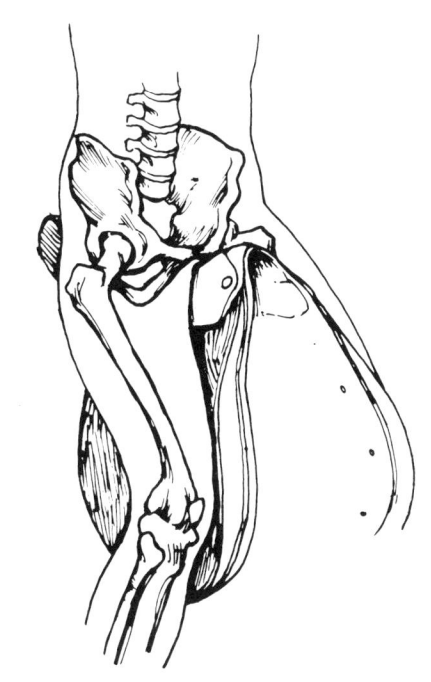

54 aとb. 通常の脚の正しい位置と、後ろに引いた正しい位置の骨の位置。脚が引かれた時、どのように大転子が前に回転するかに注目して下さい

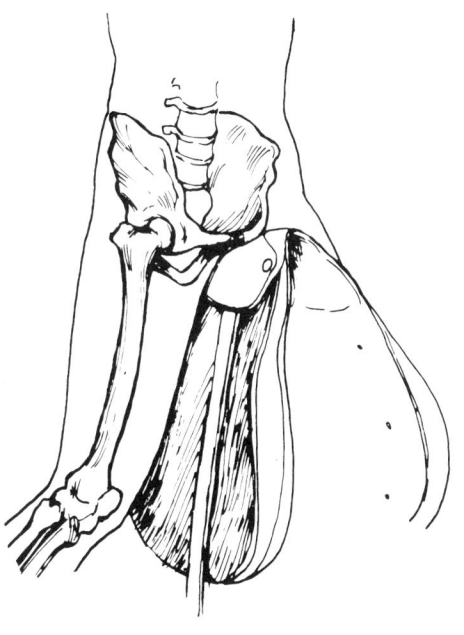

55 ライダーに外方脚の扶助のように脚と踵を馬の後肢の方向に落とさせている様子

㊶ ライダーに内方扶助のようにまっすぐ脚を落とさせている様子

㊷ 斜めに上方に動き、胸骨上部を通って出ていくエネルギーの対角線は、この場所から始まります

います（図56）。今度は内方扶助をするように、脚をまっすぐ下に沈ませて下さい。センタリングと呼吸、脇の下、首、胸骨の後ろを自由にして下さい。頭の中で脚をお尻から切ってしまい、上半身につながれた紐をほどいて、落として下さい。片脚はあなたの体重の1/4近くありますから、どしんと地面に当たるでしょう。この方法で、あなたの脚は2cmかそれ以上は落とすことができます。そして確かに柔らかく長くなります。馬の1歩ごとのリズムに合わせて繰り返しましょう。これは完璧な内方の扶助の基礎になります。

あなたはこれらの簡単なエクササイズを通して、何かをするのではなく、体を柔らかくすること、体を伸ばすこと、そして体を使うことといった驚くほどの成果を、イメージを使って自由にしてやることによって導き出す方法を見つけました。これらのエクササイズは、インストラクターの手引きで説明しています。

一度これらの新しい感覚を助手の協力で学ぶと、私が『インディアンになる』と呼んでいる素早い手順で、助手がいなくても体や脚を自由にすることができるようになります。鐙なしで座り、手の甲を背中の助手が置いた場所に当てます。そこを体が伸び広がる焦点として、また背中下部と仙骨が落ちる間に、上半身を軽くする上方へのエネルギーの線を感じるための焦点として使って下さい（図57）。

次のステップでは、ボストン美術館の外に立っているインディアンの像を真似て下さい（図58）。彼はバランスよく座り、脚は長く、背中はまっすぐで丸くなっておらず、偉大な聖霊を崇拝して上空を仰いでいます。腕は外に広げられ、手のひらは視線と同じ方向に向けられています。これと同じ姿勢で座り、この像から明確に感じられる上方への開放感を見つけて下さい。本当に自分を解放できるまで時間をかけて下さい。自分自身が上に、そして下に伸び、開くのを感じて下さい。

静かに座って下腹部に手を当て、力とエネルギーの深い場所であるセンターについて熟考して、インディアンの手順を終わらせて下さい。このエクササイズが終わると、ちょうど助手に自分の脚を伸ばしてもらったかのように、お尻や脚が完全に自由になっているのに気付くでしょう。

6. バランスと体の自由

The Essentials & The Results

バランスと体の自由の基本は？

- 4つの基本を使って下さい。
- 均等に座っていることを心掛けて下さい。
- 脚の伸びた感覚を思い出して下さい。「偉大なる聖霊への嘆願」のインディアンになることを想像して下さい。

バランスと体の自由の成果は？

- より良いバランス感覚。
- 背中下部とお尻を解放するために、首と頭を柔らかくバランスをとる必要性を自覚できます。

58 サイレス・E・ダーリンの彫刻、「偉大なる聖霊への嘆願（Appeal to the Great Spirit）」。
長く、上へ、外へ感じながら、このように座ってみて下さい
（写真：ボストン美術館 ピーター C. ブルックスアンドアザーズ寄贈）

57

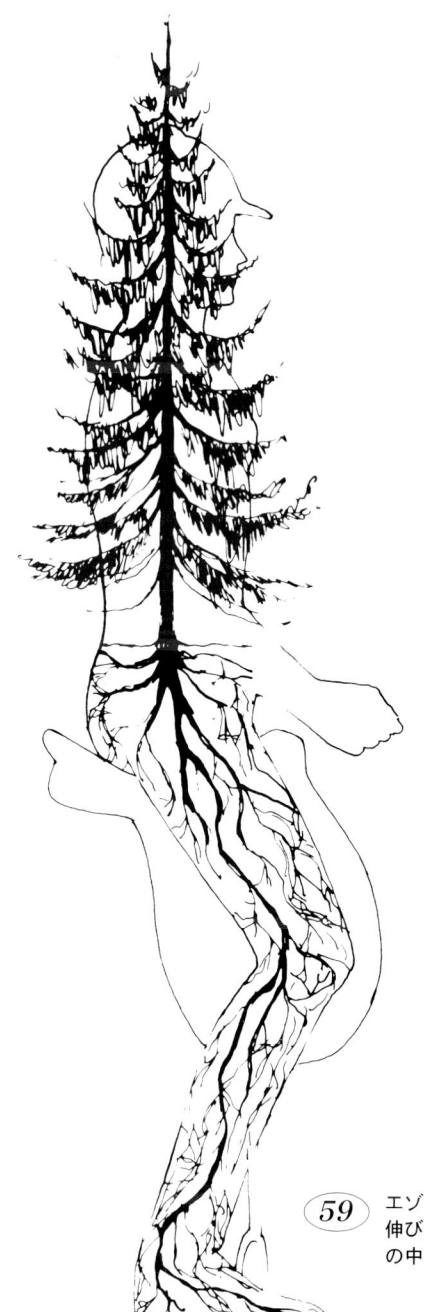

Walk and the Following Seat

7 常歩と騎座の随伴

　常歩は4拍子の動きです。あなたは四肢が別々に地面に着くのを聞くことができます。常に3本の肢が地面に着いています。馬の体が空中に浮くことはありません。それぞれの肢は背に影響を与え、結果として、鞍は他のどの歩様の時よりも傾きます。速歩では鞍は上下に動くだけです。駈歩ではロッキングチェアのようにスイングします。しかし常歩ではあらゆる方向に傾きます。

　常歩で馬の背に随伴するには、深く機動性のある受容的な騎座を持たなければなりません。あなたのバランスと機動性は、馬の常歩の質に直接影響します。常歩で自然に脚を長くよく振って歩く馬は、訓練する価値があります。堅苦しい、短い、よろよろした歩様の馬も改善させることができますが、正しいテクニックを持ったライダーだけが可能です。常歩ではとてもたくさんのことが学べますので、この歩様で多くのエクササイズを行いましょう。そうやって学んだことにより、速歩や駈歩への移行が楽になるでしょう。

　鐙なしで馬を歩かせている時は、自分が枝をぶらさげたきれいなエゾマツだと想像するのにとても良い時間です。木の幹はあなたのセンター（体の中心）から上半身を通じて、耳の間を通って頭のてっぺんからさらに上に伸びていきます（図59）。そして枝がぶら下がっています。顎は耳の下からぶら下がります。腕や肩は、頭や首からぶら下がります。肋骨は背骨と胸骨からぶら下がります。すべての枝は自由に風になびきます。幹も硬直しているわけではありません。風になびきますが、折れることはありません。センターと骨盤は地面の根覆いで、脚は根です。幹は伸び上がり、根はバランスをとるために深く深く下に伸びます。

59　エゾマツの木になって下さい。幹が伸び上がるにつれ、根はセンター（体の中心）から下に伸びます

7. 常歩と騎座の随伴

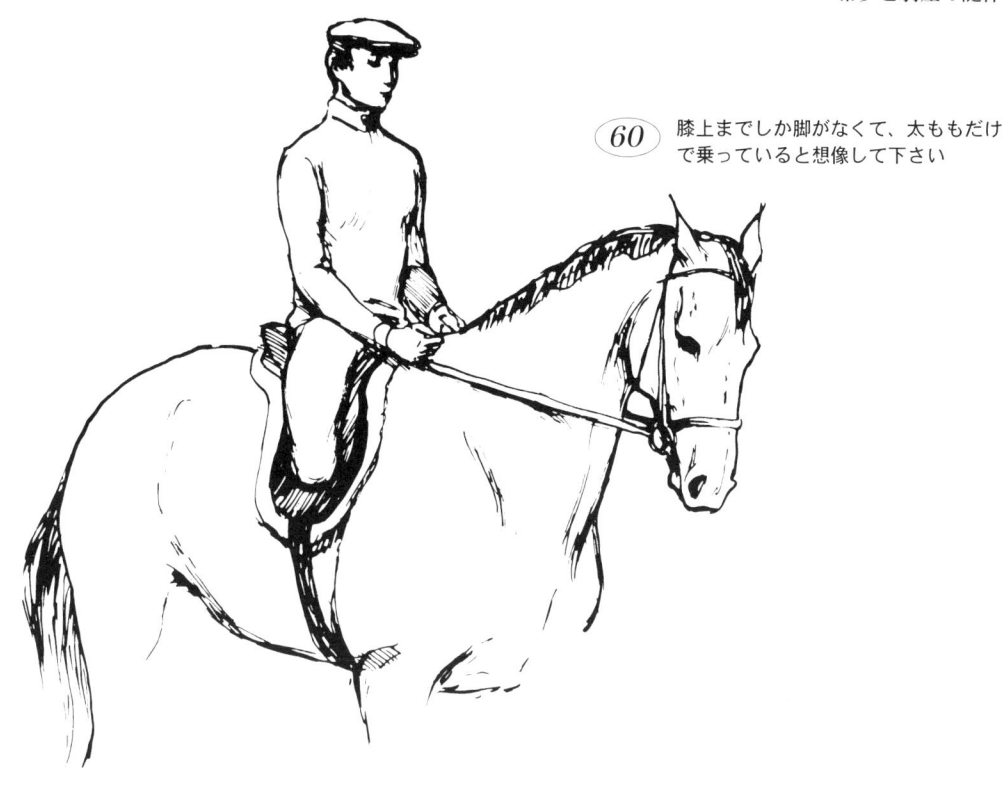

㊻ 膝上までしか脚がなくて、太ももだけで乗っていると想像して下さい

しかし木は自分自身を「伸ばす」ことはできません。ただ伸びていくのです。あなたは脚がセンターから下方へ馬のまわりに伸びていく時、同じ所から上半身を上方に伸ばしてやらなければなりません。うまく伸ばしてやるには実際のソフトアイが必要です。

違うことに挑戦しましょう。体を高く無理にでも伸び上がるようにして下さい。騎座と鞍の関係に何が起こりましたか？あなたの騎座は持ち上がり、鞍から離れました。次に無理に伸びるのをやめてエゾマツの木のイメージに戻って下さい。今度は騎座をどのように感じますか？それはより重く広く深く、鞍全体に広がるでしょう。

太くて短い脚のイメージ

体とお尻が自由でバランスがとれていれば、馬の動きについて行くのは簡単です。常歩での騎座を改善するために、もう一つ別のエクササイズをやってみて下さい。坐骨の中央に座り、両脚が膝のすぐ上までしかないと考えます（図60）。つまり、太ももの下に脚がないと想像して下さい。このイメージが、太ももを柔らかく落とすことに注目して下さい。ほとんどの人は膝から下のことを気にしていて、それによって太ももを緊張させています。私の生徒達は、この太くて短い脚を持つイメージが、膝から下を全く忘れさ

せてくれることを発見しました。何人かは、「膝から下がなくてどうやって座っていられるのですか？」と聞きました。できるのです。1人の生徒は、手術で両脚を太ももの中ほどで切断した人と外乗に行ったことがあると話してくれました。彼が特別な道具を何も付けていなかったことを考えると、何と深いセンタリングとバランス、柔軟さでしょう！

　安定して座り続けるためには、できる限りコンタクトを保たなければなりませんが、それは流動的でなければなりません。さもなくば、あなたは馬の背中の上ではずんでしまい、同じ場所に戻れたり戻れなかったりするでしょう。要するに、骨盤は馬の背と、完全にリラックスしたコンタクトをとって動かなければなりません。短い脚を最大限に有効に活用して下さい。太ももを後ろに回転させたりお尻を硬くすると、馬から飛び跳ねたりこぼれ落ちたりしがちになるでしょう。脚でしがみつくことに頼ると、同じことになります。一方、大腿骨の外側の頂部を、脚を引いてもらった時のように前に回転させると、とても安定することに気付くでしょう。

　短い脚の内側前部は鞍の託鐶（鐙革を引っかける金具）の上に覆い被さり、鞍の横へ鐙革の前で下がるでしょう。こうすることによって、太ももの上部8〜10cmの部分が前橋の両側に密着して託鐶を覆い、鞍を満たすでしょう。いったん、骨盤の傾きや水平を変えることなく、この大腿骨の回転ができた時、股が前橋で擦りむけたり押しつぶされたりする不快感のない、坐骨と股によるスリーポイントの騎座を手に入れたことに気付くでしょう。リラックスした太もも上部前面は、前橋の両側でしっかりとしたクッションをつくり、望ましい股のコンタクトを与えるでしょう。その上、あなたは筋肉を緊張させることなく、骨盤の配置と短い脚だけによって、密着した騎座を持つことができるのです。

　この騎座を手に入れると、もうひとつとても重要なことが起こります。今までは坐骨の中心に座ると、体重のほとんどは坐骨とお尻にかかっていました。短い脚の概念を発展させ、先ほどのイメージしたエゾマツが伸びていくのを感じながら、体重を正しい前方の位置に置くことを学ぶと、体内部で体重が再配分される事実に気付くようになるで

しょう。もはや坐骨やお尻の上だけに乗っているのではありません。体重の大部分が託鞍を覆って下に落ちています。そして骨盤は水平を保っています。さあ、あなたは馬の背に2つの小さい点で乗っていましたが、お尻と坐骨と太ももから広がる太い体重の帯で乗るように進歩しました（図61）。

　この配分は馬にとって非常に望ましいものです。き甲（肩の部分）を通る馬の背骨は少ししか動きません。そこから腰までは背骨の揺れや動きが起こりやすくなります。ですから馬の立場からすると、あなたの立場からもですが、より前方にあなたが乗ると、馬にとってはより心地良く、あなたにとってはより安定します。

　馬の重心は左右の鐙革の間に、あおり革のすぐ下にありますが、運動によって多少前後に動きます。襲歩や障害の姿勢では、乗り手の体重のほとんどすべてが鐙で支えられ、したがって自動的に馬の重心の上に来ます。お尻と膝と踵の弾性によって騎座は柔らかくなり、騎座は鞍にかなり接近しますが、実際に鞍の上に座ることはありません。しかしフラットワークでは、できるだけ騎座のコンタクトをとって、特別なコントロールや技を使いたくなるでしょう。スリーポイントの騎座－坐骨、お尻、短い脚－を通じて、フラットワークの時柔らかくいられるだけでなく、可能な限り馬の重心近くにいることができます。

　鐙なしで常歩して下さい。センタリングして常歩の4拍子を感じ、聞いて下さい。それからお尻を馬の後肢に随伴させ始めて下さい。馬の右後肢が前に出て後ろに蹴り出される時、その上で馬の腹部がスイングします。馬が右後肢に体重をかけると、馬の背は持ち上がり、あなたの右のお尻を持ち上げるでしょう。次に右後肢は後ろに伸び、また前に伸び始めます。その時、馬の背中は下がり、あなたの右のお尻も下がるでしょう。お尻をもち上げられたり下げられたりするのを感じたら、片方のお尻に注目して下さい。馬にもあなたに注目させるようにして下さい。これは、体で馬を感じることを学ぶ上で重要なことです。それは馬の背の振動や、馬の後肢の正確な位置と動きを感じる力を磨きます。小石を池に投げ込んだ水面のように、馬の波動があなたの体、肩、首、頭を通ってさざめき上がって来るの

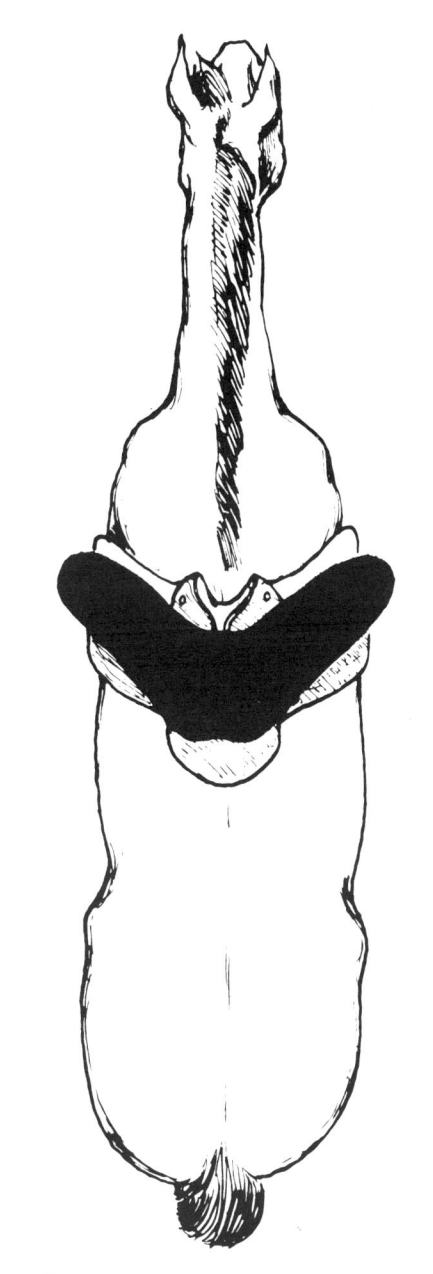

61 馬の背を覆っている太い体重の帯を上から見る

CENTERED RIDING

(62) 頭上高く手を上げて指は空を指します

を感じて下さい。

　馬の肩に短い足が随伴して上がったり下がったりすることによって、股関節のコンスタントな動きが起こることに注目して下さい。お尻を感じたように、股関節のあたりの動きを感じるために、初めに、左側、そして右側を感じてみて下さい。あなたは持ち上がり落ちるのを受け止めて、同調できることに気付くでしょう。－1，2，3，4－お尻、脚、お尻、脚。今、とても静かに鞍に座り、自分を無理に動かすことなく、騎座と馬の背に共通の皮膚を持っているような感じがするでしょう。

片手を上げるエクササイズ

　このような受けとめる感覚を見つける手助けとなるエクササイズは、頭上に片手を上げて馬に乗るというものです（図62）。片手をまっすぐ上げて、空を指し伸ばし続けて下さい。その間、体の他の部分は下に落とします（それにしても、これは1歩毎に背中下部と股関節を解放してゆるめるすごいテクニックです）。左右両方の腕で行ってみて下さ

い。疲れたらいつでも手を変えて下さい。手を頭上高く上げて、体の前面が柔軟に上下に動く感覚を自覚して下さい。手を通常の位置に戻した時も、バランスと自由の同じ感覚を持ち続けて下さい。体、首、頭は高く静かに、騎座は柔らかく、感受性に富んだ動きのあるものでなくてはなりません。

　何人かの生徒があまりにもこのエクササイズに夢中になるので、両手で乗せるのを一切止めようかと思ったほどです。1人の生徒は次の競技会を知らされると、納屋の裏に行き、手を上げてウォーミングアップすること以外何もしませんでした。

　新しい自覚と共に、常歩でお尻が持ち上がる時に短い脚（図60参照）が下がることに注目して下さい。この直後、馬はあなたの坐骨をほんの少し前に動かします。動きはこのように連続します。短い脚が落ちる、坐骨が前にスライドする、また脚が落ちる、坐骨が前にスライドする、と続きます。あなたの脚は、馬の同じ側の後肢が体重を運ぶ時に落ちます。坐骨は、馬の反対側の肢が体重を運ぶ時に動きます。馬にあなたの坐骨を十分に動かさせてやれば、馬は自由に動くでしょう。しかし腰を固めて動きを許さなければ、馬は遅くなり、止まってしまうこともあるでしょう。もうひとつの極端な例ですが、もし坐骨で馬を前に動かそうとすると、馬は動きますが、反抗し、緊張するでしょう。

　では、騎座だけで様々な歩度の常歩ができるか試してみましょう。脚の扶助は一切使わないで下さい。しばらく手綱を長くして、馬の口とコンタクトをとらずに乗って下さい。本当に自由に常歩する中で、馬は体全体を使い、腹は1歩ごとに横にゆれ、頭と頸は上下に、またいくぶん左右に動くでしょう。馬に坐骨を動かさせてやることと、馬を押すことの間には、微妙な違いがあります。馬を押さないようにしてみて下さい。自己中心的にならずに坐骨を動かすと、柔らかく受容性があり、随伴しやすい騎座へと向上するでしょう。馬が歩幅を広げ、1歩毎に後肢を深く前に踏み込むのに気付くでしょう。後肢が前肢の跡を越える距離は明確に大きくなります。馬の背と頸は伸び、より大きく動きます（図63）。馬が騎座いっぱいに広がる時、あなたは馬の、前方へのエネルギーのうねりを感じ始めるでしょう。

　歩幅を詰めるには、ただあなたの動きを減らして下さい。硬直させるのでなく、動きを少なくするだけです。柔軟性をコントロールして、坐骨の動きを小さくしますが、上へ

63　常歩で歩幅を伸ばす

64　常歩で歩幅をつめる

　の反動を失なったり、息を止めたりしてはいけません（図64）。十分に坐骨を動かすことと、動きを小さくすることを交互に行うと、15cmくらいは馬の歩幅を変化させることができます。これを膝から下なし、あるいは手綱なしで行えるということを覚えておいて下さい。脚や次に軽い手綱のコンタクトでこのエクササイズを始めれば、馬の前肢の先が後方に引っ張られるのではなく、後肢が前肢の先の方に向かって上がりながら常歩しているのを感じるでしょう。
　時に馬が怠けてあなたの騎座を聞こうとしなかったら、鞭でピシリと打つか、足ではっきり蹴って目を覚ましてあげましょう。そして、受けること、許すことをまた始めましょう。そうすれば馬は言うことを聞くはずです。
　このエクササイズで得られる重要なことは、鐙をはいて乗った時、坐骨のスライドと、短い脚（図60参照）が落ちる動きを交互に行うことによって、ふくらはぎの側面を腹帯の後ろ、鞍の下につけられるようになるということです。それには柔らかい膝と踵が必要です。一度これができると、リズミカルに正しく膝から下を使うことができます。
　馬の背の上方への波動を感じ、受け、随伴する能力は、常歩だけではなく、速歩や駈歩でもきわめて重要なことです。馬は背中を使う新しい自由を感じます。どの歩様においても、騎座の一部を硬くすると、馬のストライドから滑らかさと力強さは減ってしまいます。お尻を通じて馬のストライドのリズムをもっと感じ、受け止めれば、馬はもっと弾力性と力強さを増し、歩様の質は高まるでしょう。この感

じやすい騎座を持っていれば、あなたはとても的確な方法で馬に話しかけることができます。

このように乗ることは、良く調整された楽器で、ある時はデリケートに、ある時は力強く演奏するようなものです。あなたの骨盤の奥深くに静かに置かれているグランドピアノを想像して下さい（図133参照）。本当のアーティストは柔らかいバラードも激しいマーチも同じように流ちょうに演奏することができます。

The Essentials & The Results

「常歩と騎座の随伴」の基本は？

- 4つの基本を使って下さい。
- スリーポイントの騎座：坐骨、お尻、太ももの内側上部前面8～10cmの部分を発見して下さい。
- 反動、リズム、ストライドの動きを聞き、感じ、受け止めて下さい。
- イメージを使って下さい。エゾマツの木、斜めのエネルギー、短い脚（図60参照）、頭上に伸ばした手など。
- 馬と皮膚を共有していると感じて下さい。そうすることで、騎座は馬の背についていきます。
- 坐骨を1歩毎にスライドさせて下さい。
- 自分自身と馬の背を、リズムに乗ってスイングさせて下さい。

「常歩と騎座の随伴」の成果は？

- 馬の動きに関する自覚。
- 感受性の向上。
- 馬の動きに対する、より繊細なコントロール。
- リズムとストライドの質の向上。

Rising (Posting) Trot

8 軽速歩

　速歩をする前に、鐙について考えてみて下さい。それは押すためにあるのではなく、足を静かに置くためにあります。そして、体全部の重さではなく、脚の重さを運ぶためにあります。鐙を押してみて、体の中をのぼっていく緊張に注意を払って下さい（図65a～c）。今度は、再びリラックスして、鐙に脚だけを運ばせて下さい。馬場全体を使って、鐙に全体重を預けた、心地良い、急がない軽速歩に移行して下さい。ブロック積みについて思い出して、ソフトアイを維持して、鐙と骨盤の真上で肩にバランスをとらせて下さい。全体重を、体の中でまっすぐ落として、そして鐙に抜けさせて下さい。腰、膝、足首で体重を止めないで下さい（図66aとb）。太ももや膝、ふくらはぎで鞍を締め

65 a.正しい脚。鐙を押していません

b.正しくない脚。膝から下を前に突き出して、鐙を押しています。それに加え、お尻と脚は硬くなっています

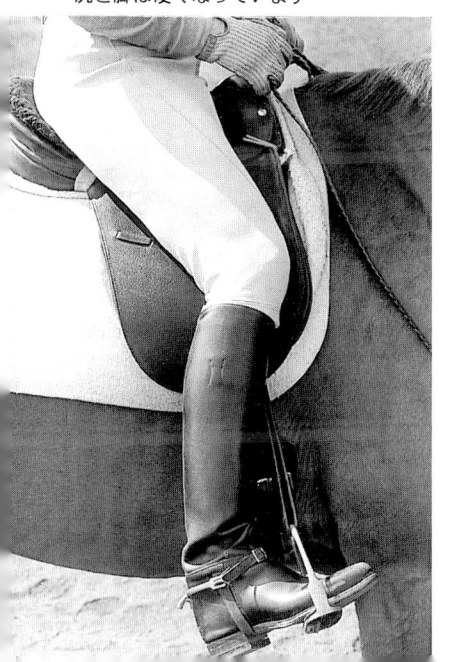

c.軽速歩での正しくない脚。乗り手は頭から爪先まで全身に緊張を示しています。馬は頸と頭を後ろに引きがちです。耳も引いていることに注目

付けないで下さい。締め付けが強いと、馬は心地悪く感じ、自由に動けないでしょう。

軽速歩で立ち上がるたびにベルトのバックルが優しく引っ張られているように、骨盤を前上方に持ち上げましょう（図19参照）。前方へ、ということを考えて下さい。つまり、前に向かうエネルギーを感じ、見るということです。そして脚を長くして、馬の横にやさしく密着させて下さい。アイスクリームのように体を溶かして、ブーツの底から下に流れ落として下さい（図67）。

ソフトアイと共に、呼吸を作りあげて下さい。センタリングして、重心がベルトの位置を通過して、ボトッ！とアイスクリームと一緒に、ブーツの中に落ちるのを感じて下さい。速歩を続けて、もっと自分の呼吸について考えて下さい。体全体に呼吸が流れ込み、通り抜けて出ていくように、ふいごをリズミカルに開閉して下さい。自分がふいごであると思い続けて下さい（図9参照）。センタリングやソフトアイ同様、呼吸法はいつも重要です。乗馬を通じて常に維持して下さい。

66　a. 締め付けていない、柔らかい膝。膝から下は馬の横に下がります

b. 締め付けた膝。膝から下は外に押し出され、太ももとお尻は硬くなっています

67　体の中のアイスクリームを溶かして、足を通して外に流れ落として下さい

68 aとb. 軽速歩でバランスのとれたライダー。立つ（左）、座る（右）

c. バランスが崩れているライダー。馬は反抗して心地悪く感じています

　馬のリズムを探し始めて下さい。馬のエネルギーとリズムは後肢から起こります。前肢が進む間、後肢が働いているのを感じなければなりません。あなたは一輪車を後ろから押していて、前の車輪は前方に進みますが、エネルギーは後ろから来ているのです。積極的で安定した1‐2‐1‐2のリズムを作り上げて下さい。たとえそのリズムが速すぎたり不規則すぎる不正確なものであったとしても、馬の作り出すリズムに協調しない限り、あなたは馬を扶助に従わせることはできないことに気付くでしょう。

　後肢に耳を傾け、意識して下さい。体を通じて上がってくるリズムを感じて、馬の内方の後肢が踏み込む時、あなたのお尻を押し上げ、センター（体の中心）が上への反動と共に動くことを感じて下さい。鐙にかかる体重が、立ち上がった時も座った時も同じであると感じてみて下さい。これは軽速歩で座る時、とても軽く鞍に当たるようになるということです。軽速歩の時、どのくらいお尻や膝の関節が開いたり閉じたりしているかを意識して下さい（図68a〜c）。すべての関節を十分に使って下さい。

　速歩を続けながら足について考えて下さい。以前よりもっと自分の真下に足があることに気付くでしょう。横から見ると、耳、肩、お尻、足首は一直線になります。両方の鐙に均等に乗っていますか？足の指をブーツの中で広げて、足の幅すべてが、鐙の上で体重を支えるようにして下さい

(図69aとb)。足の親指にかかる体重は、小指にかかる体重と同じであるべきです。足は鐙の上でそれらを同じに感じる必要があります。

　足首を硬くすることは、顎を硬くするのと同じように、体全体を緊張させます。どのようにしたら、柔らかい足首を学びとれるでしょうか？まず初めに、手から指を振り落とそうとするかのように、前腕と手首を振ってみて下さい。指をとても柔らかくして下さい。指を硬くすると、腕をゆるめて振ることができないことに気付くでしょう。脚についても同じことが言えます。試してみて下さい。緊張した足の指では、脚を振ることができません。柔らかい自由な足の指は、足首を自由にする基本です。足を鐙に平らに置いて、足指でピアノの音階を軽く弾くようにして下さい。足の指すべてが、同じ体重を感じるまで行ってみて下さい。今、あなたの足首は柔らかくなりました。

　ライダーは、足が馬体と平行になるように、内側に回し入れなさいとよく言われます。意識してそうしようとすると、足首、脚、お尻は緊張してしまい、体重は足の外側にかかるでしょう。しかし、脚がバランスのとれた体と骨盤から下がっていれば、足は柔らかく、馬体にほぼ平行に下がります。

　一体何回『踵を下げて！』と言う言葉を聞いたでしょうか？不幸なことに踵を下げるように強制されると、体は硬くなるだけで、鞍から浮き上がってしまいます。あなたの脚はとにかく重いのですから（片脚はおよそ体重の25％）、なぜ重力にまかせないのですか？重力は、柔らかい足首と踵を、自分で押し下げるよりずっと低く下げてくれます。

　踵はアキレス腱の伸びる範囲にしか下がらないということを思い出して下さい。長い期間練習しても、腱はほとんど伸びません。アキレス腱が短いと、深く踵を下げることはできませんが、心配することはありません。足首を自由に柔らかくし続けられる範囲で、アキレス腱を重力にまかせてみて下さい。足首を柔らかくするためには、脚が股関節の前方ではなく、下方にぶら下がらなければならないことを思い出して下さい。足首が硬いと、脚が前に行ってしまうでしょう。足首が柔らかければ、軽速歩の動きにつれて踵が沈むでしょう。

馬の動きに遅れないために

　自分が馬の動きに遅れている、センターが足より後ろに

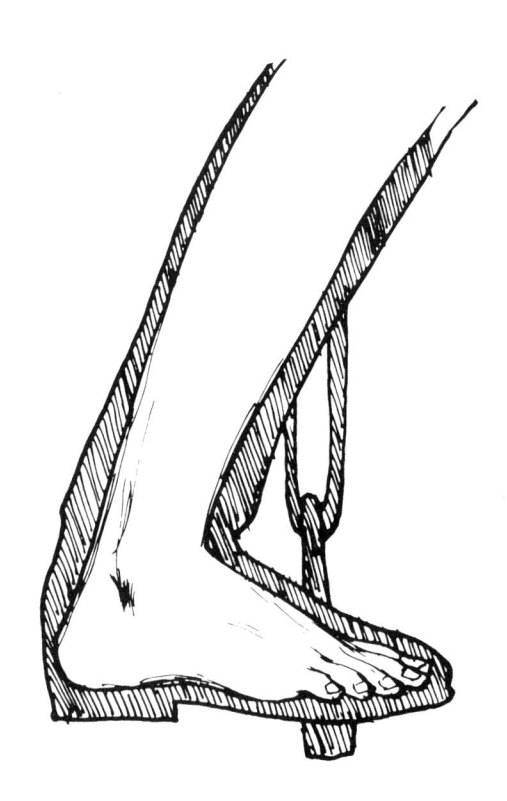

69　aとb. 足指をブーツの中で広げなさい。握ってしまう人が時々います

ある、と感じた時には、額のてっぺんにつなげられた紐が、自分を前上方に引っ張っていると想像し、さらに体は水の中をゆるやかに引っ張られている布ぶきんである、と心に描いてみて下さい。そうすると、また馬の動きに同調している自分に気が付くでしょう。

　それでも軽速歩でバランスを保ち続けることや、立ち上がる時、足を体の真下にくるようにすることに苦労するようであれば、以下のエクササイズを試してみて下さい。引き馬か調馬索をして手伝ってくれる人を見つけて下さい。停止して、鐙にまっすぐ立ち上がって、骨盤を前橋を越えて前方に引っ張り出します。踵は後方へ十分に押し下げて下さい。前橋の上に座ってしまってはいけません。踵を後ろに引いて下げながら、前橋の前でバランスがとれたら、太ももの前部をあおり革の前部に押しつけて下さい。リラックスした足首による体重がかかった踵と、支えられた太ももの間の圧力は上半身を安定させます。その結果、あなたは骨盤を水平に保ったまま完全に股関節前部を開くことができ、上半身をほんの少し前へ弓なりにして、上方に保つことができます。背中下部をへこませてはいけません。膝で締め付けてしまわないように注意して下さい。こうすると、体が硬くなってしまい、本当のバランスをとることができず、このエクササイズの利点を得ることができません。まっすぐ前を見て、頭を高く持ち上げ、少し後ろに引いて下さい。手を横に伸ばして、手のひらを上に向けて下さい（図70）。

　さあ、ここで助手は馬を常歩に進めることができます。重心を下げ、規則的に呼吸をし、踵をよく下げた状態を維持すれば、あなたのしなった体は馬が動いた時に開いた安定した感じがするでしょう。動きに慣れてきたら腕を上げ、色々な方向に回してみましょう。これは体前部と股関節の自由や開放といった感覚を得るために良いエクササイズです。あなたはまた、低い重心の安心感、鞍の両脇前部による支えの感覚も見つけるでしょう。足をこんなに引くことができて、それでもまだバランスをとっていられることに驚くでしょう。これはサイドレーンを付けた調馬索でも行うことができます。速歩、駈歩でも同様にできます。

　鞍の上の通常の位置に乗って軽速歩を再開すると、もう足を前に突っ張らなくてすむことに気付くでしょう。動きながら、たくさんボタンの付いたシャツを着ていると想像して下さい。ボタンをひとつひとつはずしていって下さい。

8. 軽速歩

⑦⓪ 脚をよく引いた状態で安定を感じることができることを学ぶために、鞍の前でバランスをとります

首から始めて、シャツを両側に開き、そこから体の前面を出して下さい。私達はあまりにも多くの時間、胸を肋骨の前底部で引き合わせて、蝶結びで二重に結んだ状態のまま、机や椅子、台所の流しに向かって、働いて過ごしています（図71）。これらの結び目をすべてはずして、体の前部を開きましょう。胴体の半分が腕の前にあるようにして下さい。馬には、大きく開放的な歩幅で、また軽い身のこなしで動いて欲しいものです。馬に演技を要求する時は、コントロールする立場にあるあなたがリーダーです。ですからあなたの体は、馬をリードするために自由でなければなりません。

2つの平行四辺形

このエクササイズを行っている時、前に述べた斜めの線のイメージを使うことが助けになるでしょう（図51参照）。このイメージは、次のように膨ませることができます。少し他のライダーを見て考えて下さい。ライダーの膝から下の線は、背中から胸骨へ通る、前上方への線と平行になるでしょう（図72）。この斜めの線と、ブロック積みの垂直の線との組み合わせで、平行四辺形を作ります。もし膝から下があまり前方に出ていると、平行四辺形のバランスは崩れます。自分を正しい平行四辺形の線でイメージすることで、正しいバランスとしっかりした感覚が得られます。

⑦① 私達は日常、あまりにも長い時間蝶結びで結ばれているかのように緊張しています

2つ目の平行四辺形は、胸骨のてっぺんから後上方に、項(うなじ)を通って流れるエネルギーを、心に描くことで作ることができます。この斜めの線を下に伸ばすと、太ももの線と平行になるでしょう。多くのライダーは、1つ目の平行四辺形を2つ目のものよりイメージとしてよく使います。しかし、頭と肩を前に出しがちなライダーには、2つ目の平行四辺形がとても重要です。

平行四辺形で乗ることによる安定感は、脚がどんどん長くなり足が地面にぺたんと着いてしまうのをイメージすることによって強めることができます。地面は柔らかく暖かい夏のぬかるみです(図73)。リラックスした足指の間に、泥がにじみ上がってきます。足や足首を包む暖かさを楽しみましょう。泥の中に足をつっこむ喜びは、脚、膝、足首を柔らかくする効果があります。膝から下と足が伸び、静かに安定している間、騎座は鞍に深く沈むでしょう。膝を締め付けることは全くなくなります。

平行四辺形と泥の中の足のイメージで乗ることには、重要な利点があります。膝から下はライダーの下で後ろに動き、そこにとどまるでしょう。上半身は、中心への接続部分が安定した感じがするのと同時に、斜め上方へのエネルギーを通じて、軽さと独立性が発達するでしょう。肩関節は独立し、それによって腕や手はとても静かに、鋭敏になります。

その結果、馬は感じることを楽しんでいるような反応を示します。あなたが多くの緊張から解放されることにより、馬も同様に解放を感じます。馬の目と耳はリラックスして、満足した様子を見せます。馬の背中もまたリラックスして、ライダーの騎座を満たすでしょう。馬はハミに向かって伸び、下がってきます。もしあなたが馬の内方後肢からのより大きなストライドだけを考えていれば、ストライドは必然的に長くなり、もっと浮き上がって、馬の背中は柔らかくスイングし始めるでしょう。これは、流れるようなエネルギッシュな前への動きを見せてくれる、素晴らしい馬とライダーのハーモニーの図です。

馬のセンター

もう一度、あなたの馬について考えてみましょう。あなたのセンターは横隔膜と骨盤の間にありますから、馬のコントロールのセンターも横隔膜と骨盤の間にあります。それはあなたのセンターの、すぐ後ろの下、あなたのセン

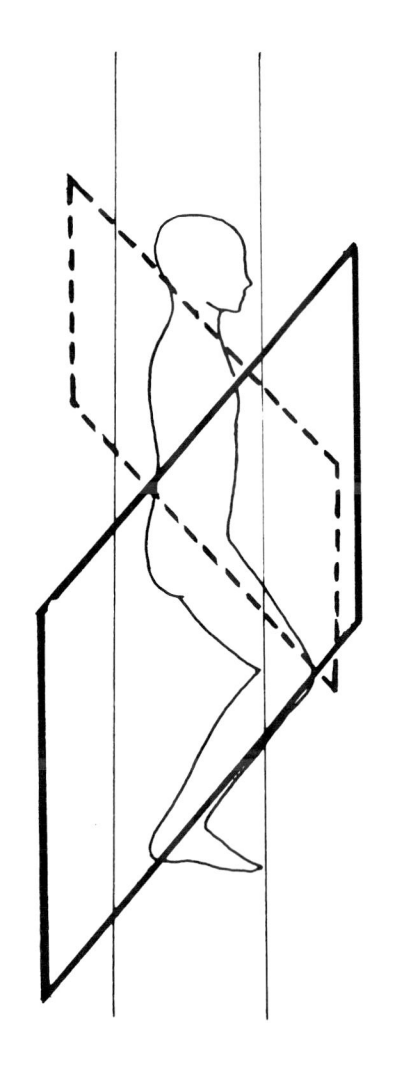

⑦2 平行四辺形で乗ります。ブロック積みの垂直線は、上半身を通るエネルギーの線と、太ももと膝から下で作る角度の線と交わります

8. 軽速歩

⑦③ 脚が地面に着くぐらい長いと想像して下さい。あなたは暖かい泥の中で爪先をくねくね動かしながら進むことができます

ターから45cmほど離れています。また速歩を始めて、この2つのセンターをくっつけることを考えましょう。馬の後肢から生まれて、馬のセンターとあなたのセンターを通り、馬のき甲、頸、頭のてっぺんから出ていく力とリズムを感じるために、自覚と想像力を使って下さい。その、後ろからリズミカルにわき上がり、あなたを通って出ていくエネルギーを維持して下さい。

これまで馬場全部を使って軽速歩をしてきました。今度は20mの輪乗りを、馬場の端や中央で行う準備をして下さい。輪乗りを始める前に、自分自身の準備をしましょう。呼吸を整え、センタリングして、馬を内方後肢から前に進めて、後方から始まる屈曲を静かに作り出して下さい。馬の後駆をコントロールして、支えを与えるため外方脚を引いて、必要であればリズミカルな前へのエネルギーとテンポを保つために内方脚を使いましょう。

もう一度馬の後肢について考えてみましょう。腹帯の近くでやさしく内方の脚を使って、1歩ごとに馬の内方後肢が、自分の下により深く来ること、歩幅が広くなっていく

73

⑦4 後肢を馬体内の上方からスイング
　　させましょう

ことを感じて下さい（図74）。速度を上げてはいけません。ただ歩幅を伸ばすだけです。呼吸法、センタリングを続けて下さい。馬が歩幅を伸ばすのを助けるため、高く立ち上がる必要はありませんが、立ち上がる推進を、背骨下部の前面、ベルトのバックルの後ろあたりからもっと積極的に行ってみて下さい。馬の肩は、長い歩幅と共に自動的にゆれますが、推進力は後ろから来て、き甲を通り、あなたの静定された手に流れ出なくてはなりません。

　あなたがこう言っているのが聞こえます。「簡単だ！馬を良く感じることができるし、馬の背はより柔らかくなっている。鞍はバウンドするばかりの場所ではなくなった。騎座、太もも、膝、鐙によるコンタクトがもっと均等に分配されたのを『感じ』るよ。自分が柔らかい革の手ぶくろのように馬にピッタリ合っている。何も言われなくても馬がより良く動いてくれる！」

　ブラボー！これらは良い考えと感覚です。あなたはもっと右脳にイメージを確立するために、このことをインストラクターや仲間に話す必要があります。あなたの馬が良くなるのは間違いありません。あなたはもはや馬の重心から遅れることはありません。以前、友達が四つん這いになっ

たあなたの背中を、激しく突くのを止めた時、どんなに安心したか思い出せますか？同様に、あなたのバウンドする坐骨から自由になることを、馬は喜びます。神経質でどんどん速くなってしまった馬も、今や頸と頭をより低く下げて、落ち着いているでしょう。怠ける傾向があったとしても、喜んで前に進むようになるでしょう。馬のストライドは長く、スイングして、リズミカルです。あなたと馬は新しい関係を手に入れました。あなたは幸せなホースパーソンです。

The Essentials & The Results

正しい軽速歩の基本は？

- ４つの基本を使います。
- 挟んだりブロックしたりせずに、鐙を通して体重を落とします。
- 体重を鐙に均等に配分して下さい。
- 布ぶきん（あなたの体）を水の中で引っ張ります。
- 膝と股関節を自由に使います。
- 後ろから来る安定したリズムを持続します。
- 想像上のシャツを開きます。
- センターから馬をリードします。
- 平行四辺形内で乗ります。
- 泥の中に足を入れて乗ります。

正しい軽速歩の成果は？

- 馬とのバランス。
- 馬とのリズム。
- 速歩でエネルギーが作られます。
- 馬はより自由に安定して前進します。

9　Hands

拳

　静かな、感覚の鋭敏な拳(こぶし)は、乗馬のあらゆる面で重要です。あなたの腕と拳は、肩関節から指先まで、手綱を通して馬の一部になります。馬は拳の動きと直結しており、馬の頭の位置によって拳の位置が決まります。背中と騎座そして脚は、馬の後躯をコントロールし、腕と拳は前躯をコントロールします。これが同時に行われると、馬全体のエネルギーを方向付けることができます。

　馬の頭の主要な動きはすべて、ライダーの肩や肘に吸収されます。著名な馬場馬術トレーナーで作家のチャールズ・ド・クンフィーは、神はライダーを間違った形に創ってしまったと言いました。ライダーの前腕は、ハミまで伸ばせるくらい長くあるべきです。そうすればハミに指がかかり、うまくすれば、馬の口角まで届くでしょう(図75)。そうすれば本当に繊細に、直接馬の口を感じることができるでしょう！しかし実際には、手綱を使っていても、繊細に感

75　チャールズ・ド・クンフィーは、もし神様が乗馬に適した体を人間に与えてくれたら、腕は肘からハミまで伸びるだろうと言いました

じることはできるのです。たくさんの小さな、そして微妙な指示が、指と手を通って馬に伝わります。

　良い拳は、良い騎座に深く関わっています。良い騎座とは、柔らかく深いものです。馬の動きの大部分が、股関節、膝、足首に吸収されなければ、ライダーの肩は飛び跳ね、頭は上下に動いてしまうでしょう。これが実状なら、粗雑な動きは不安定な拳に反映してしまうでしょう。『騎座がなければ拳もない』というのは本当なのです！

自分の拳の動きを知る

　拳を静かに安定できずに、馬の口を急激に動かしてしまうのは、身近な問題だと思います。これが馬のリズムを狂わせ、長期的には悪い性質を植え付けることにもなります。私が、腕と拳について集中して教える時には、まず停止している馬の上にいるライダーの横に立ち、馬の肩に前腕を乗せて、普段ライダーが手綱を握るき甲のすぐ上の位置に指を1本突き出します（図76）。そしてライダーに私の指を握ってもらい、軽速歩のように、立ったり座ったりしてもらいます。ライダーが立ち上がって私の指を引っ張る時に、即座に「痛い！」と言います。ライダーはとても驚きますが、立ち上がる時、自分がそんなに手を上げていたことに気が付いていなかった様子です。彼は私をつかんでいたので、手を上げることができずに、私の指でバランスをとったのです。私は本当に痛かったわけではありませんが、同じくらい引っ張ると、馬の口を確実に悩ませ、不快にします。もう一度、私の指を引っ張らないように、注意して試みてもらいます。

　この実験を行ってみると、立ち上がる時、拳を静かに安定させておくためには、肘の関節を非常に大きく開かなくてはならないことに気付くでしょう。肘を開かないと、体と一緒に、拳も上がってしまいます。同様に、肘関節は座る時に閉じなければなりません。この肘関節の開閉は、軽

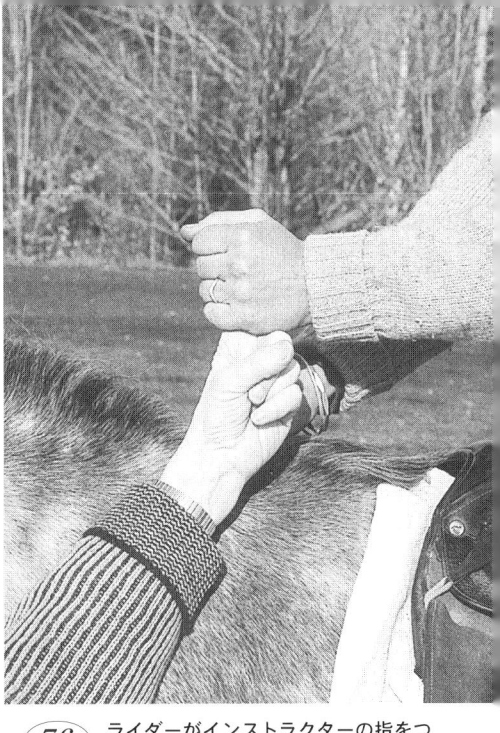

76　ライダーがインストラクターの指をつかんでいるところ。軽速歩で立ち上がる時に指を引っ張ってしまうなら、肘が硬くなっているのです

77　肘の角度と膝の角度は、軽速歩の時、開いたり閉じたりします

CENTERED RIDING

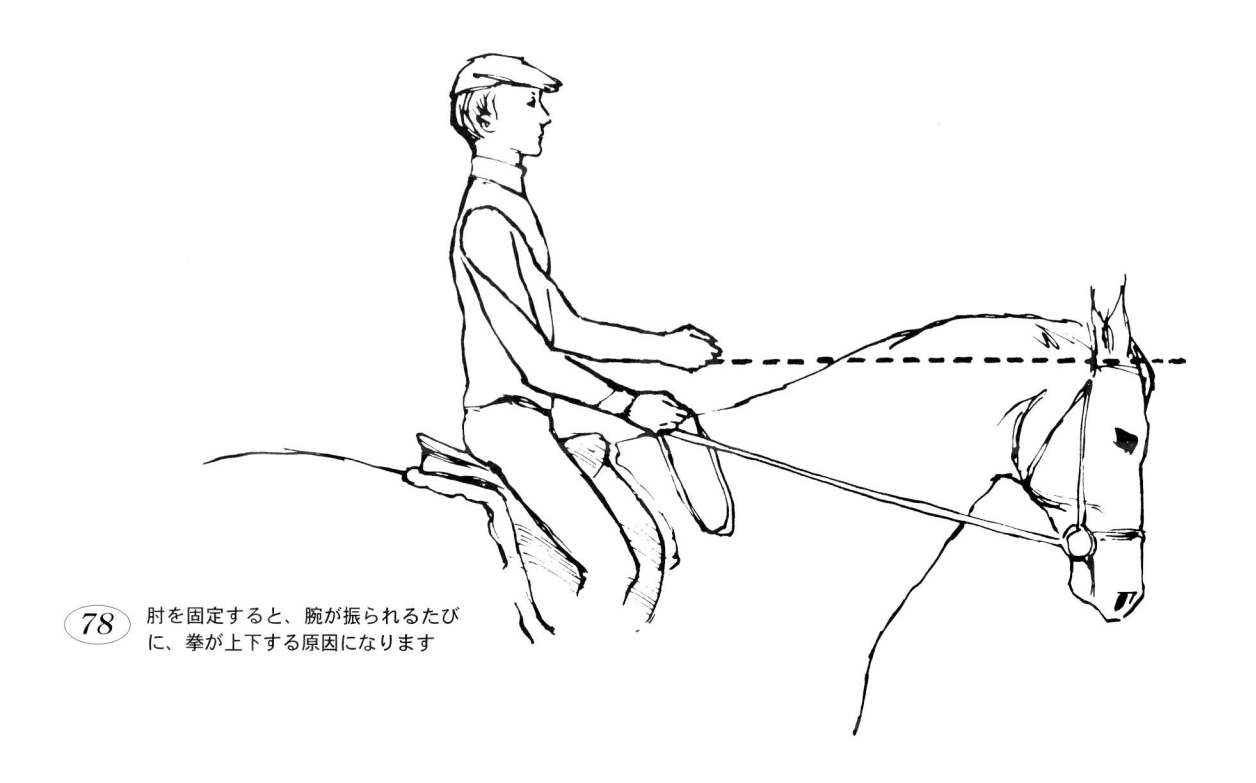

⑦⑧ 肘を固定すると、腕が振られるたびに、拳が上下する原因になります

　速歩での膝の曲げ伸ばしの角度と同じくらいの大きさです。この新しい感覚を覚えて下さい（図77）。
　拳の前後への動きはすべて、肘関節や肩関節に影響を与えます。どれも単独で動くことはできません。常歩で、手綱を持たないで、馬の頭についていくように、拳を前後に動かしてみましょう。この時、馬の口を指すようにして下さい。このエクササイズに初めて挑戦する時、大部分の人が、上腕は正しく動かすことができるのに、肘から下と拳で馬の耳を指してしまいます（図78）。拳が馬の口を指すのに、どのくらい肘を開かなくてはならないかを理解することは、じつに驚くべき発見です。
　常歩で馬を歩かせて、腕と拳を馬の頭についていかせましょう。前腕と手綱は、上から見ても横から見ても、直線上になければなりません（図79a〜d）。この線を保つためには、拳を、馬が頭を上げれば高く、頭を下げれば低くしなければならないでしょう。常歩では、馬は頭と頸を大きく振って歩くので、あなたは柔らかく均一な口とのコンタクトを保ち、いつも繊細でいてくれると、馬が感じるようでなければなりません。上腕は、ロープの先に結ばれた石のように、肩から自由にぶら下がらなくてはなりません。

9. 拳

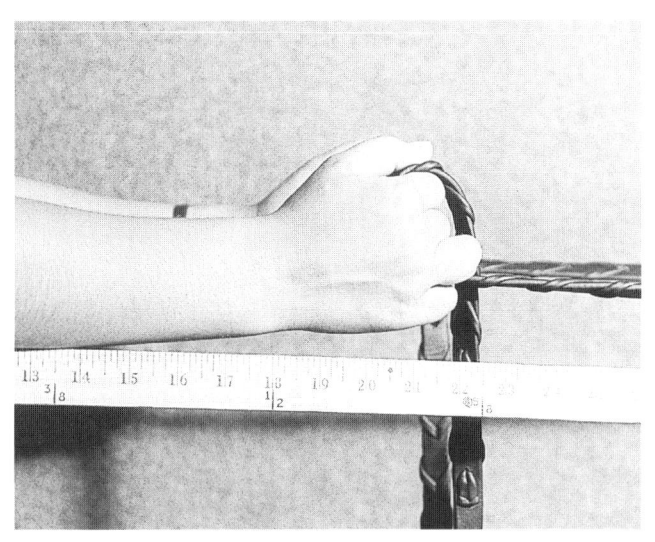

a. 横から見た正しい直線

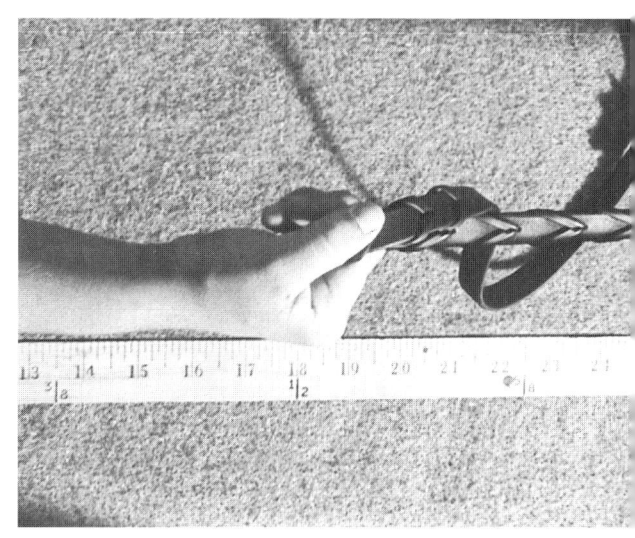

b. 上から見た正しい直線

(79) 肘からハミまでの直線

c. 間違い：手首は外側に向いています

d. 間違い：手首は内側に向いています

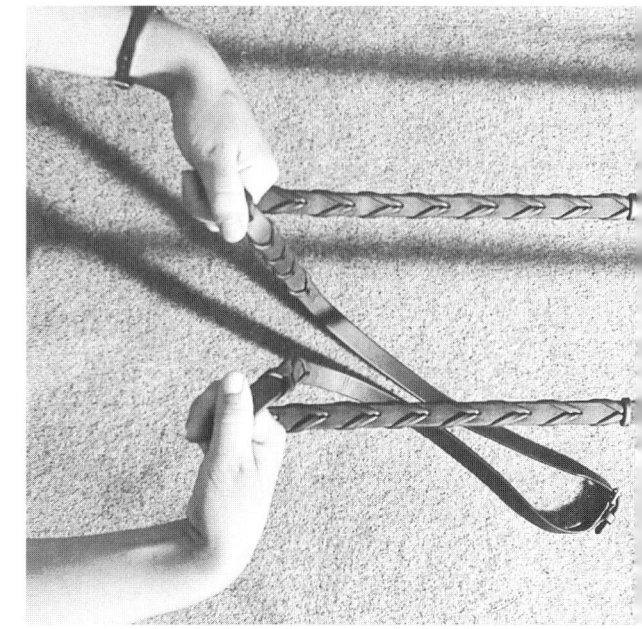

指が馬の口を柔らかく感じている時、油がさされた肩と肘の関節は、それについていかなければなりません。

肩と腕をコントロールできるようになったら、もう一度静止して、手首と指の前腕との関係を考えて下さい。基本的に、手綱は人指し指と親指の間に通して、その一番上に親指を乗せて握ります。これは手綱が滑るのを防ぎます。そして薬指と小指の間を通して手の外に出します。

指関節を上に向けたり、親指を外に回転させたりして、拳を平らにふせて乗ってはいけません。親指の関節は上を向いて、ほんのわずかにお互いの方に向いているべきです（図81aとb）。

前腕には骨が2本あります。拳を回転させて指関節が水平になった時、2本の骨は互いに交差して、はまって動かない位置になってしまいます。しかし、指関節がほとんど垂直になるように拳を回転させれば、上から見て2本の骨がほぼ平行になります（図82aとb）。この2本の骨の関係によって、指関節が垂直になるように握ると、拳はより繊細に敏感になります。しっかりと握るために、小さな鳥を手の中にいれて、頭を人差し指と親指の間から出していると想像して下さい（図80）。強く握りしめると鳥を傷つけてしまいますし、あまりゆるく持つと逃げてしまいます。2羽が互いにぶつからないように、頭が上に出るようにしておかなければなりません。少し絞ったスポンジを持ったつもりになるのも良いでしょう。スポンジをつかみますが、水を全部しぼり出してはいけません。

⑧⓪ 小さい鳥をつかむように、手綱をつかんで下さい。締め付けたり、回してはいけません。2羽の頭がぶつかってしまいます

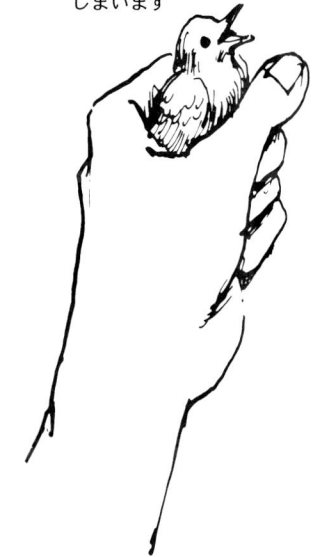

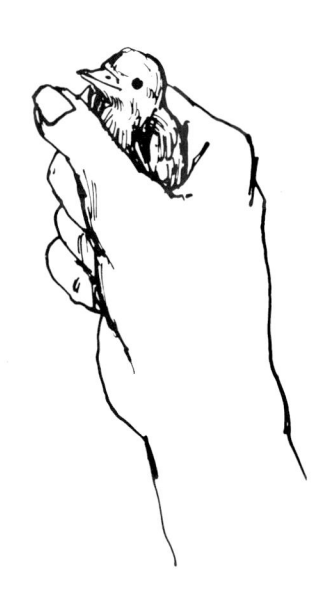

	(81) 拳の側面の親指が上を向きます	
a. 正しい：親指が上を向きます	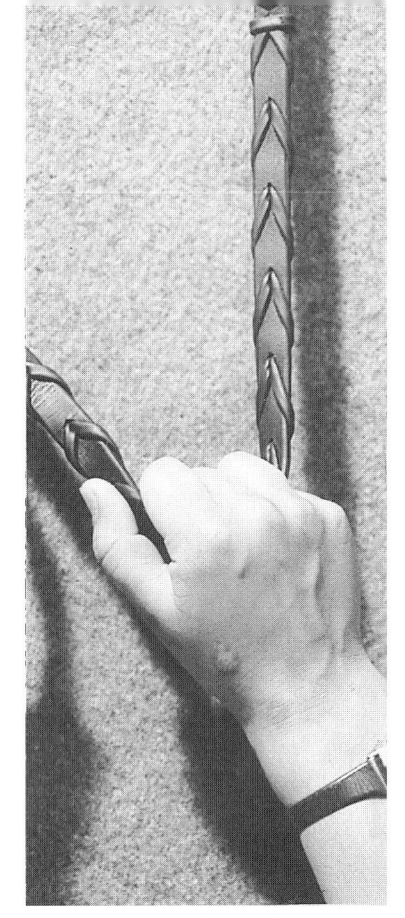	b. 間違い：指関節が上を向きます

a. 正しい：親指が上にあり、前腕の骨は平行になります		b. 間違い：指関節が上を向き、前腕の骨は交差して固定されます
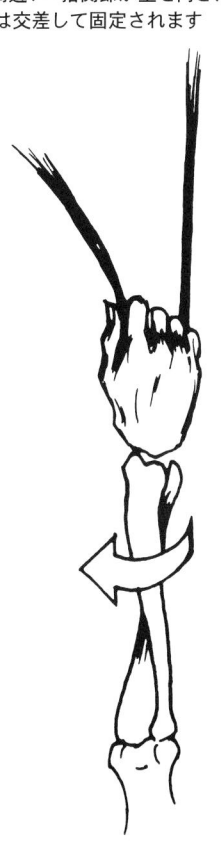	(82) 拳と前腕の骨を上から見た図	

CENTERED RIDING

(83) 手綱を握る

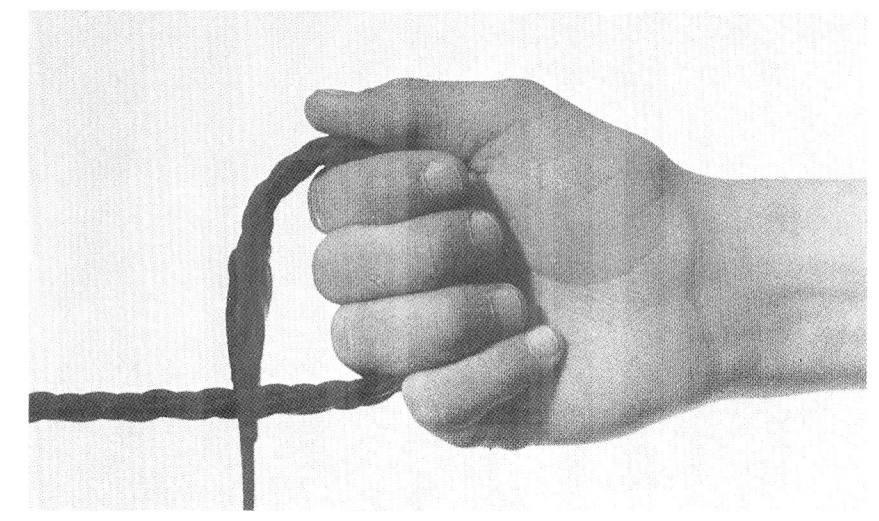

a. 正しい：指先は手のひらにつきます

b. 間違い：指が開いています

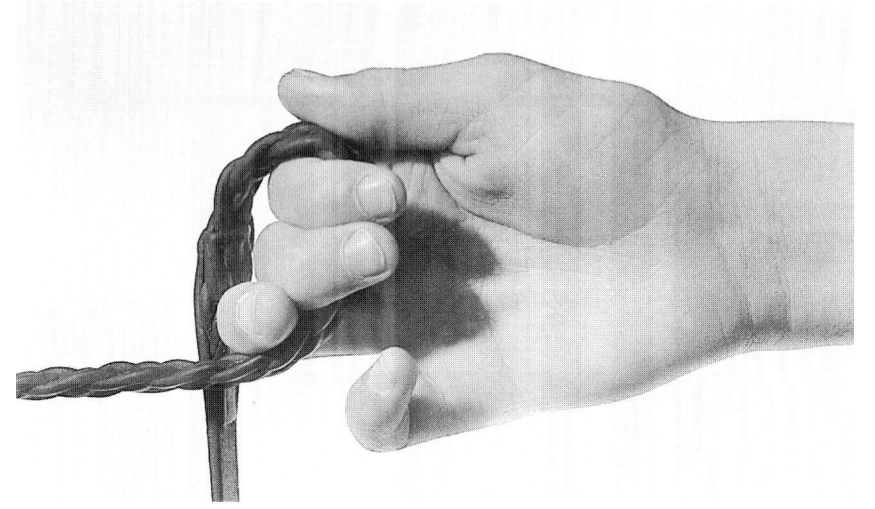

c. 間違い：指がきつく締まりすぎています

9. 拳

　手綱を握る時、指関節を曲げて指先が手のひらに当たるようにして下さい。握りしめてはいけません（図83a〜c）。指関節を伸ばして、指先で手綱を握ると、とても有益な関節‐指関節‐の効用を失ってしまうだけではなく、手綱は指から滑り落ちてしまうでしょう。

　手綱を離して、手をエクササイズしてみましょう。手を大きく開き、指の間を離して広げ、ぴったり閉じて、あけて、閉じてを繰り返しましょう。指をくねくね動かしましょう。自分がいくつ指関節を持っているのか、その中で普段使っているのがいかに少ないか、実感してみましょう。では、もう一度手綱を取って握りましょう。拳を通じて馬に何かを伝えようとする時は、薬指から動かし始めなければなりません。他の指は後からそれにそって動きます（図84aとb）。拳を使い始める時、親指と人差し指を体の方に引き寄せてしまうと、薬指は後ろにとり残され、効果的に使うには弱すぎてしまいます。こういった傾向がまた、拳を使いにくい位置にもって行きますし、ご存じのように、使いにくい位置関係は緊張を生みます。

84　薬指は閉じていなければなりません

a. 正しいコンタクト

b. 間違ったコンタクト。薬指は伸びすぎ、全部の指が開いています

もし薬指から閉じ始める扶助が十分に強くなければ、指関節を垂直にしたまま、手首から手を少し下げたり、拳を45度程外に回して、手首を少し回転させることもできます。それでも十分でなければ、肘をまっすぐ後ろに引いて下さい。

主な動きは肩と肘から起こり、小さい動きだけが指を通ってくることを忘れないで下さい。これは指が重要ではないということではありません。しかし肩と肘をあまり自由にしないために、指が使われすぎています。

肩からハミまでの腕と手綱が、柔らかな庭のホースだと思って下さい。水がその中を勢いよく流れて馬の前に吹き出しています(図85)。この前方に吹き出す水を感じ、自分の心の中のビデオテープに録画しなければならないでしょう。それは腕、拳、手綱を通り、ハミを越えて、流れ出る馬のエネルギーです。こうすると馬はもっと信頼して、あなたのより柔らかい拳を通じて動くことができるでしょう。

85 腕と拳が柔らかい庭のホースだと思って下さい。このホースに水を流して前方に吹き出して下さい

「ご褒美」について触れずに、拳について話すことはできません。馬が正しい動きをしたら、最初のご褒美として、一瞬拳を柔らかくします。良いライダーは、ほとんどいつでも馬の口とコンタクトをとっています。これをノーマルコンタクトと呼びましょう。馬のバランスや鋭敏さによって、コンタクトはとても軽かったり、幾分強かったりします。馬がハミを受けていて、軽いノーマルコンタクトで乗っていると想定しましょう。拳の中に流れ込む体と脚を用いて、下への移行を招きます。ご褒美は、動きが終わった「後」ではなく、終わると同時に行って下さい。下への移行は数歩のうちに行われるので、移行が終わる前に、このご褒美を数回与えることができます。柔軟さの大部分は拳によります。指を開かずに、手のひらと指の筋肉をゆるめなければなりません。この柔らかさは、部分的に手首、肘、肩に反映するでしょう。

The Essentials & The Results

拳を使う基本は？

- 肘と肩の関節を自由に開いたり閉じたりさせます。
- きつすぎず、ゆるすぎず、しっかりと手綱を握ります。
- 小さい指示に指と手首を使います。
- 肘と肩を主要な動きに使います。
- 一定の運動をした最後に、馬へのご褒美として拳をゆるめます。
- 小さな鳥を手に持つような感覚です。
- 柔らかい庭のホースのように腕を使います。

正しく拳を使った成果は？

- もっとダイレクトに馬の口を感じることができます。
- より安定した柔らかい拳になります。
- 馬は一定のリズムで前に進むようになります。

10 Transitions

移行

下方移行

　矛盾なく、正しく下の歩様へ移行するということは、馬術で習う最も重要なことのひとつです。馬が人を乗せずに、自由にギャロップしていて、わずか3、4歩で停止するところを思い描いてみて下さい。移行の時、馬の体を観察して下さい。馬は頸と頭を下げて背を丸めるでしょう（図86a〜d）。こうすると馬は1歩ごとに後肢を深く体の下に踏み込

86　下方移行、良い例、悪い例

a. 駈歩している馬

b. バランス良く軽やかに止まります

c. 駈歩している馬

d バランスを崩して、背中をへこませて硬くし、前肢でどしんとおります

10. 移行

ませ、それによって体重を後ろへ移すことが可能になります。こうした動きをすると、馬は体重を上手く四肢に分担させ、バランスの良い停止をします。もしこの代わりに、背をへこませて頭を上げていたら－馬が鞍の下で、このような姿勢をしているのをよく見かけますが－馬は後肢にほとんど体重がかからない状態で、前肢でガツンと地面に踏んばり、強く着地するでしょう。この後は悲惨な状況になるので、乗馬の時には必ず避けなければなりません。

　成功への鍵は、坐骨を馬の背中に押しつけることではなく、軽い、しかし随伴する騎座の下で、馬に背を丸めさせることにあります。馬を停止させて、バランスをとり、鐙をはずしてセンタリングし、自分の中心から上下に伸びて下さい。エゾマツのイメージを思い出して下さい（図59参照）。体を伸ばすのではなく、ただ体が伸びていくのを許し、常に前を見て下さい（図87）。太もも上部の前面を通っ

⑧⑦　下方移行では、騎座を広げ、丸くもり上がる馬の背中を受けるために、上下へ伸びて下さい

87

(88) ライダーが助手の指に向かって膝を落とすようにしているところ

て鞍に落ちる体重が増加し、お尻を軽くすることに注目して下さい。あなたは太ももを締め付けたり、骨盤の水平状態を変えたり、お尻や騎座を動かしたりしてはいません。心の中で体重の一部を、体の中でほんの少し前に移動させるだけです。センタリングとグローイング（エゾマツの木のように伸びること）によって、騎座を開き広げます。これによって馬が下方移行で背中を丸くする必要がある時、騎座いっぱいに丸めることができます。

短い脚のエクササイズでわかったように（7章）、太ももの上部前面は、鞍の前橋に近い部分で、託鐙の上に覆いかぶさります。この基盤は移行時に重力の助けを借りて、筋肉に力を使わせることなくしっかりした支えとなり、前橋から股を保護します。

助手に、膝の3mm位下に指を置いてもらいましょう。あなたはグローイングすることで膝が助手の指に触れることに気付くでしょう（図88）。また、膝と太もも前部を正しく下げると、肩がバランスのとれた状態でいることに気付くでしょう。騎座とお尻にかかっていた体重は、鐙革の前で鞍の両側に下がって行くにつれ、軽くなります。こうすると馬は乗り手の下で背を丸めることができます。自分が前方に向かい、しかも姿勢がまっすぐなことに気付くでしょう。一度太ももがどっしりと落ち着いて体を支えると、馬はあなたの頭を前にぐらつかせることはできません。手綱をがっちり握らなければならない時も、馬の引く力に見合うだけの正しい基盤があります。馬が拳(こぶし)に対して軽い時は、同じしっかりした基盤から、非常に正確な扶助を与えることができます。脚で鞍を締め付けないで下さい。馬体に沿った脚の上部の動きは、物干し綱に使う旧式の木製洗濯ばさみに似ています。それはバネで締め付けませんが、深くさすにつれ、しっかり締まります（図89）。

鐙をはいて膝をぶら下げた時、膝から下は、馬の脇で、ほんの少し後ろに動くでしょう。これがまさに下方移行の時、膝下を持っていきたかった位置なのです。なぜって？それはあなたが誰かに体の中心付近をつかまれたら、本能的にするのと同じ行動です。もしそうされたら、体を折り曲げたくなるでしょう。同じように、馬上で脚を少し後ろに引くと、馬は後肢を体の下に入れたくなるのです。馬を前に動かすには、脚で圧迫したりゆるめたりを繰り返さなければなりません。馬は後肢を体の下に引き込んで、そこから

10. 移行

踏み出すでしょう。スローダウンするには、馬が後駆をあなたの下に踏み込ませ、バランスバック（馬に体重を後駆の方にもっていかせること）を保つのに十分なサポートを与えるために、安定した脚を維持しなければなりません。その間、鐙を押さないように気をつけて下さい。踵を深く下げて、足首を柔らかくはためかせて下さい。

その時拳は、馬があなたの脚から前に逃げようとするどんな衝動に対しても、静かにはっきりと『ノー』と言うのに十分なだけ閉じています。馬が従おうとしたら、すぐ通常の力に拳をゆるめなくてはなりません。後肢は、あなたの拳に向かって歩いて来ます。拳は後方、つまり自分の体や馬の後駆の方には動きません。どんな拳の動きも、馬の体、後駆への扶助の結果として起こるものであり、原因ではありません。下方移行における扶助の順序は、(1)騎座(2)脚(3)拳、です。移行の間、股関節が手の方に向かって開くのを感じるでしょう。決して拳が股関節に近付くのではありません。あなたは徐々に、馬へのコントロールが短い脚（図60参照）の下や横隔膜の上からではなく、センター（体の中心）から来ていることに気が付くでしょう。あなたはまた、先に述べた昔の洗濯ばさみのイメージについても、かなり意識してきているでしょう。

これらすべてを練習に取り入れる時には、まず鐙なしで何回も常歩から停止の移行を行いましょう。しっかりした騎座、伸縮する股関節と、柔らかく長い背中下部を思い出して下さい。センタリングして、グローイングして下さい。馬の後肢が拳の方に上がってくるように歩かせて下さい。移行の間は、息を吐いて下さい。息を吐くことの大切さを感じるために、次の移行の時に息を止めてみて下さい。馬が快く従わないのにすぐ気付くでしょう。

ここで再び息を吐いて、馬を前に、自由に歩かせて下さい。停止に移行する時に、馬の背が上に上がる反動を、最後の1歩まで、すべて受け取るようにして下さい。この結果、馬はゆっくりやっと止まるのではなく、きっちりと完全に止まるでしょう。

停止したら、馬の脇に脚を静かに置いて下さい。まだ馬とコミュニケーションをとり続けて、静止している間も前方について考えています。

下方移行で、初めて鐙をはく時、それを下や前方へ押すのは避けたいものです（図90a〜c）。深い騎座で下方移行

(89) 短い脚（図60参照）を物干し綱につけられた旧式洗濯ばさみのようにぶら下げて下さい

a. 馬は速歩でバランス良く前に向かっています

b. ライダーは硬く緊張して、馬の前進気勢を失わせています。馬の反抗に注目してください

90 悪い下方移行

c. 馬は硬い常歩に移行しています

を習う時、ほとんどの人にこの傾向がみられます。鐙を押してしまうため、足首、膝、お尻、体は硬く緊張してしまいます。鐙をはかずに、太ももと膝をぶら下げている時は、何の問題もありませんでした。しかし、鐙が邪魔になって、膝を落とす妨げになりました。これを避けるために、ひざまずく動作について考えてみましょう。ひざまずくためには、足が邪魔にならないように後ろに下げなければなりませんし、股関節を前に開いて、膝が落ちるようにしなければなりません。膝が邪魔されずにぶら下がると、柔らかい足首によって、膝から下の内側部分は鞍のちょうど下、腹帯の約15～20cm後ろで、馬とコンタクトを保てるようになります。この姿勢は馬に、後肢を踏み込ませ、開いた騎座に背をもり上げるよう伝えます（図91a～c）。馬の後肢をコントロールする繊細で力強い騎座の恩恵を、たっぷり手に入れることができるでしょう。

　常歩から停止の良い移行ができれば、どんな歩様か

a. 馬は速歩でバランス良く前に向かっています

b. 馬は移行の際、前進気勢を保ったまま丸くもり上がっています

(91) 良い下方移行

c. バランスのとれた、前進気勢のある常歩に移行します

らも下方移行ができます。馬に移行を押しつけてはいけません。馬がバランスをとるのに必要な歩数を歩くのを許してあげましょう。練習を続ければ、その歩数を最低限に減らしていけるでしょう。しかし移行中は始めから終わりまで、軽く馬体を運ぶために馬に後肢を体の下に踏み込ませながら、ダンスの感覚を保って下さい。

上方移行

　上の歩様への移行は美しく行うことができます。馬はライダーとの完全な調和の中で、ある歩様から次の歩様へ、簡単に躍動していきます。ライダーがまずセンタリングすることによって馬を変えることから始まり、ライダーと馬両方がお互いに気を配り、意識し合わなければなりません。ライダーは馬の受容力を感じ、馬の動きに合わせることができて、馬とライダーは互いに上達します。

a. 馬は移行の前からライダーの緊張を感じています

b. 速歩への移行で、ライダーは硬くなり、センターは後ろに取り残され、馬は心地悪く感じています

92 悪い上方移行

c. 馬は背をへこませて、硬く短節な速歩に移行しています

　不幸なことに、ぎこちない、悲惨でさえある上方移行は、あまりにも一般的です。はっきりと馬に『前へ進め』と言っていても、その時、自分が前に進みそこなってしまいます。あなたはセンターが後ろに残ってしまった時、馬の背を強く押してしまいます。馬は『痛い！』と背をへこませて、後肢を体の後ろに残してしまうでしょう。同時にバランスを崩したライダーは、ハミで馬の口につかまるので、馬は頸のき甲前部周辺を硬くして、頭を上げてしまいます。この上方移行の時2、3歩頭を上げ、背をへこませる悪い癖を、馬はすぐに覚えてしまいます（図92a～c）。

　このようなぎこちない瞬間を避けるために、素晴らしい移行を心の中のビデオでスタートさせて下さい（図93a～c）。上方移行の間、馬の動きは力強い後肢と、膝、飛節、球節といった大きく曲がる関節から始まることを思い出して下さい。最初の推力はあなたのセンターから来なければなりません（図94）。随伴す

a. 移行の前、馬とライダーはリラックスして柔らかくなっています

b. 速歩へ移行する時、馬はライダーの下で丸くもり上がっています。ライダーのセンターは馬の動きと共に前方に向かい続けます

93　良い上方移行

c. 後ろから来て、き甲と頸を通り抜けるエネルギーと共に、柔らかく、丸く速歩をします

る騎座がその動きを増すことを感じて、馬のリズムから起こる動きを維持して下さい。4つの基本を使うことを忘れないで下さい。あなたは馬の歩みの最初から、馬の前への動きについていかなければなりません。最初の1歩を失敗すると、もう追いつけません。

　センターにエネルギーを作る時、前への動きの指示に、馬の神経組織が反応するのに最も良いところ、腹帯の近くに脚を維持して下さい。必要なら少し圧迫して下さい。馬はあなたの脚と騎座の両方からメッセージを受け取ります。

　自分のセンターから前方へ、上方へということを考えて下さい。馬のリズムを感じて下さい。この生き生きとした騎座の動きで、馬に自分の下で背を丸めて動き出すように要求するのです。拳は馬の前端部分をゆるめるために柔らかくなければなりません。馬は後方から前方へよどみなく流れるべきです。馬のエネルギーは、上昇してき甲を通り、外に出て、ハミに向かっ

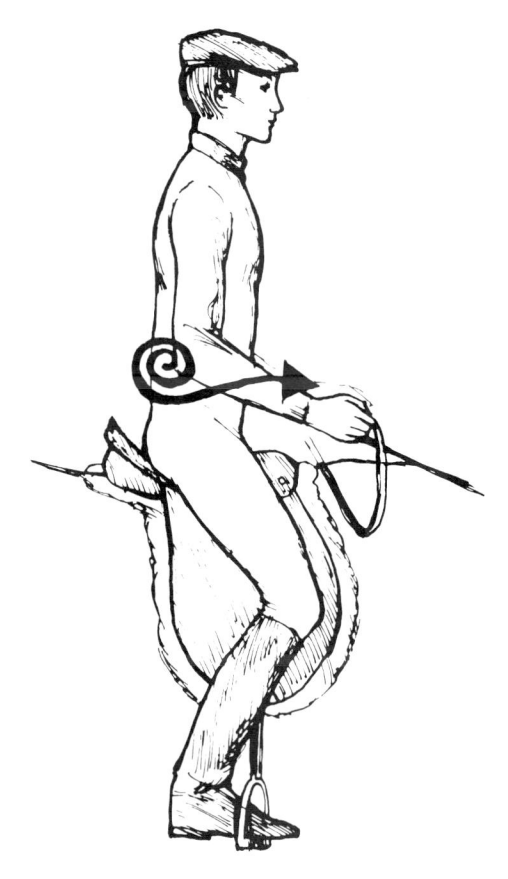

94 センターでエネルギーを作り、前に送り出して下さい

てまた下がります。

　これらの要素をすべて適切に組み立てると、不活発な馬でさえ上方移行であなたを驚かせてくれるでしょう。私は決してムチや拍車を使うなと言っているのではありません。馬達は、人間と同じように個性を持っています。人間にとって幸運なことに、彼らは私達を喜ばせることが好きです。しかし、勝手気ままで、遊び好きで、頑固だったり、ただ単にいたずら好きであったりします。そんな時はムチによる懲戒が必要です。それは素早く、はっきりと、必要に応じて強くすべきですが（時々とても強くなければなりません）、残酷であってはなりません。馬が積極的に従ったら懲戒をすぐ止めて、扶助を再開しなければなりません。馬は扶助に耳を傾ける準備ができたでしょう。もし前への扶助に従わせるために、ムチを使わなければならなかったら、馬がムチに反応して前に出る時、馬の口をひっぱったり、背中にバンと当たらないように注意して下さい。必要なら手綱をゆるませて、肩を後ろに振ってもかまいませんが、馬が応えようとしている時に苦痛を感じさせてはいけません。自分を建て直すのに少し時間を取って、もう一度正しく乗り始めて下さい。馬がもっと反応しやすくなっているのに気が付くでしょう。

　馬が飽きて興味を失ってしまわないように、時々速歩を入れながら、停止－常歩の移行を、たくさん練習して下さい。馬が動くにつれ、自分の下で馬が背を伸ばし広げるのを感じることで、正しい上方移行を学びとったことに気付くでしょう。頸がき甲の前でわずかに上がり、項で下がるのを感じるでしょう。これを停止－常歩で上手くできたら、常歩－速歩、常歩－速歩－駈歩の移行をやってみて下さい。練習する時、4つの基本と正しい扶助を用いることにより、バランスは良くなり、馬はもっと楽しそうに反応するようになり、移行は美しいものになるでしょう。

10. 移行

The Essentials & The Results

正しい移行の基本は？

- 4つの基本を移行の前、最中に使います。
- 移行の時に息を吐きます。
- 後ろから流れるエネルギーを維持します。

下方移行

- センタリングと上下へのグローイング。
- 柔らかい膝下を後ろに引き、馬に当てて、足を軽くします。
- 挟むのではなく、旧式の木製洗濯ばさみを下に押します。
- 前への動きを遮るのに十分、拳を握って下さい。
- 柔らかくした拳と騎座を馬への報酬とします。
- 下方移行の時も、前方を考えます。

上方移行

- 自分と馬のエネルギーがセンターを通り、後方から来て前上方に上がるのを感じます。
- センタリングとグローイング。
- 初めから馬と共に流れるように動きます。
- 馬の前端部分を解放するために、拳を柔らかくします。

正しい移行の成果は？

- 前へのエネルギーは持続します。
- 馬は背を丸め、移行に反抗しません。
- 馬は四肢で軽く地面を蹴る状態を保ちます。
- 馬はより注意深く、すぐ反応するようになります。
- 馬とのコミュニケーションは向上します。

Sitting Trot

速　歩

　一般に速歩で座れるようになるには、馬の背の上で揺すられて、何度も練習するのが一番良い方法と考えられています。そしてライダーを調馬索で乗せることに、長い時間が費やされています。その間、ライダーと馬は可哀想に、バンバン、ドシンドシンと跳ね上がる動きに苦しみます。このような状況は、最初に2、3のテクニックを身に付けることによって改善できます。もっと短い時間で、自分と馬のダメージを最少限に抑えて速歩で座ることを学ぶことができます。

　これまで、馬の動きに随伴する、密着したスリーポイントの騎座を常歩で長い時間をかけて学んできました。そして下方移行の時は、太ももを下へ伸ばし、同時に上半身を上に伸ばしました。これらのテクニックはどちらも正反動の速歩で必要になります。

　速歩は2拍子の歩様です。1拍ごとに馬の対角の肢が地面に着き、その時に馬の体が最も下がります。1拍の合間に、馬の体は空中に浮きます。そして、また落ちます。騎座底部が馬の背中との接触状態を保てば、それは馬のすべての動きについていくはずです。下方移行を練習している時、自分の体と短い脚を下に伸ばしました（図95）。下に伸びる時、腰の前部は開きましたが、骨盤は水平を保ちました。正反動速歩ではこれを1歩ごとに行わなければなりません。私は正反動速歩をワン・ツー・リズムの軽速歩と比較して、ワン・ワン・リズムとして考えるのが好きです。ですから、反動の1拍ごとに、自分の体を馬と一緒に下に落とさなければなりません。そしてその1拍の合間ごとに、馬の体が騎座にもり上がってきて、あなたを通常の位置に持ち上げる必要があります。

　たくさんこぶのある斜面を滑るスキーヤーを想像して下さい。頭と肩が水平を保っている間、スキーと脚はこぶの間で下に落ち、次のこぶのてっぺんで柔らかくまた上がります（図96）。または、でこぼこした道で上下に動く車の車

11. 速歩

⑨⑤ 速歩では、短い脚は託鐙を覆って、下に伸びるようにして下さい

⑨⑥ 速歩では、スキーでこぶを滑るように足と脚を上下に弾ませて下さい

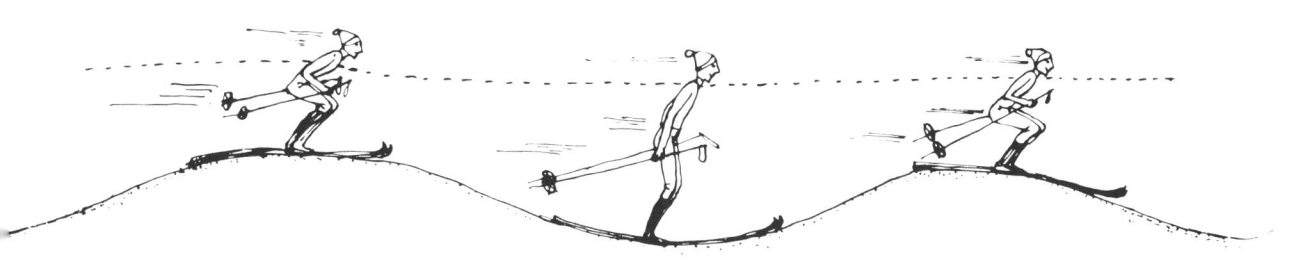

輪を思い描いて下さい。車輪は上下にはずみますが、車体は車輪の上でスムーズに動きます。

　あなたは馬の上で動きについていくことができません。常歩の時に行ったように、馬にあなたを動かさせて下さい。お尻を柔らかく保つために、頭と首を自由にしてバランスをとり、背中を長く広くし続けて下さい。馬の背の上で骨盤を回転させてしまいますので、背中下部を倒したり、へこませてはいけません。また、背中を硬くしないで下さい。もし背中が実際に伸び縮みしたらどんなに良いかと思いますが、いくらか自由に動き、クッションのような役割を果たしつぶれることのない、といった強いゴムの柱をイメージすることで我慢しましょう。

骨盤の働き

　骨盤のあたりにもわずかにクッションの力があります。5章で説明しましたが、背骨は、仙骨のところで骨盤に融合しています。そのため、背骨によって運ばれる体重はすべて、骨盤の後ろを通って下に移動します。その一方で、脚は骨盤の中央付近に、股関節でつながっています。坐骨はこれらの関節の真下にあります。ですから、脚から突き上がるどんな動きも骨盤の前を通ることになります。骨盤は上への力と下への力の間の橋になり、その間のバネやクッションを働かせ、できるだけガタガタするのを防ぎます。

　骨盤が衝突を柔らげるのは、骨盤が水平になっている時だけです。背中下部をへこませて、骨盤の前面を傾けると、仙骨は坐骨の真上に来てしまい、クッションの働きはすべて失われます。そして、あなたにとっても馬にとっても不快なことになるでしょう。仙骨の下にあるお尻もまた、動きを吸収します。お尻はクッションの働きをし、まるで気泡入りのゴムでできたとてもしっかりしたパッドのように感じられます。

　センタリングして、センター(体の中心)を通して息を下げた後、3、4歩速歩をしてみて下さい。そして滑らかに、常歩へ移行して下さい。少ない歩数なら、硬くならないでしょう。もう一度、速歩から常歩への移行中に息を吐いて下さい。これを数回やってみましょう。速歩の時は、背中下部を本当に柔らかく、静かにする必要があります。下の歩様への移行は、下への伸びを際立たせて、その動きの感覚をつかむ手助けとなります。

　以前常歩で行った、頭上にまっすぐ腕を伸ばすエクササ

11. 速歩

イズを行ってみて下さい（図62参照）。体前部を柔軟に伸ばす感覚を使って、体全体をぶら下げて、伸ばした腕から引き離すようにして下さい。このエクササイズは、下半身を分離させ、自由にする手助けとなるでしょう。しばらくの間、背中下部を大きく動くままにしてみて下さい。どのくらい大きな動きに対処しなければならないのか理解できるまで、馬が骨盤をゆするのに完全にまかせて下さい。

　速歩で、時々上げる手を変えて下さい。ここでセンターに意識をもっていき、骨盤が、特にその後部で重くなってくることを自覚して下さい。骨盤が鞍の上で静かになり、坐骨の中央で水平にバランスをとり続けるようにして下さい。骨盤が安定すると、背中下部は静かになるでしょう。さて、ゴムの円柱のイメージを思い出して下さい。背中は自由に動きますが、崩れることはありません。開いたり閉じたりする股関節は、今や馬の動きをほとんど吸収するようになっているでしょう。

軽い上半身

　もう一度自分を、頭のてっぺんから紐でつるされた人形だと想像して下さい（図97）。紐はあなたの頭を空からぶら下げ、体の他の部分は頭と首からぶら下がっています。そしてたくさんの濡れた砂が、首や肩や肋骨にくっついていると想像して下さい。徐々に砂は乾ききり、夏の太陽の下で乾いた砂のように、下に落ちていくでしょう。それは少しずつ落ち続け、骨盤や脚や足の中に流れ込んでいきます。砂が落ちるにつれて、あなたの下半身はどんどん重くなっていきます。上半身が空っぽになるまでどんどん中身はなくなり、軽くなっていきます。首と頭はまだ紐からぶら下がっています。この砂が馬の背中全体にこぼれ落ちている様子を思い描き、馬の背がその砂を通ってもり上がってきて、騎座をいっぱいに満たすのを感じて下さい。

　もう一つエクササイズを試してみて下さい。常歩で鐙を

97 自分が、頭のてっぺんから紐でつるされた人形だと思って下さい

はずし、騎座を深く水平にして、踵をお尻の方に引き上げて下さい。そこに踵をとどめたまま、腕を横に広げて下さい（図98）。引き馬をしてくれる人がいない場合は、手綱の許す限り手を広げて下さい。常歩をして、膝から下の緊張がなくなると、下半身がどんなに自由で独立するか、はっきり感じて下さい。では、いつもの姿勢に戻って、これらの股関節やお尻や背中下部の自由な動きを、正反動速歩に取り入れてみて下さい。脚で馬をつつんで、締め付けずに、重力を利用して下さい。

　正反動速歩を短時間でも心地良く感じることができたら、常歩に移行する前に、もう少し長い時間伸びてみて下さい。体が硬くはずみ始めたら、常歩に戻り、もう一度始めから行って下さい。正反動速歩で、センタリングとソフトアイ

98　常歩で、踵をお尻の方に上げ、腕を広げて、実際に体の前面と股関節を開いて下さい

11. 速歩

a. 良い速歩。ライダーの騎座は深く柔らかく、馬は喜んで前に動いています

b. 良くない速歩。突っ張ったライダーの脚と硬直した姿勢は、馬に緊張を生み、硬く短節な速歩になっています

99　速歩

によって、深く柔らかい姿勢を、いつも見つけられる自信がつくまでこれを行って下さい（図99aとb）。正反動速歩はゆっくりの速歩から始めて下さい。速いほど動きについて行くのが難しいでしょう。

　あなたの体に吸収される、馬の体の動きはたくさんあります。おそらくこの動きの90％が股関節、膝、足首を自由に使うことによって吸収されます。でこぼこ道でタイヤが衝撃を吸収することをもう一度思い出して下さい。股関節や膝、足首が硬いと、馬の動きはあなたの体に伝わってきて、頭はポンポン動き、肩は跳ね上がり、体の上部にムチ打ちのような影響を及ぼすでしょう。明らかに馬の動きは吸収されていません。ライダーの頭がぐらぐらしているのを見たら、それはほとんどの場合、股関節が硬いからです。良い拳は静かな上半身によるものですから、良い騎座は絶

CENTERED RIDING

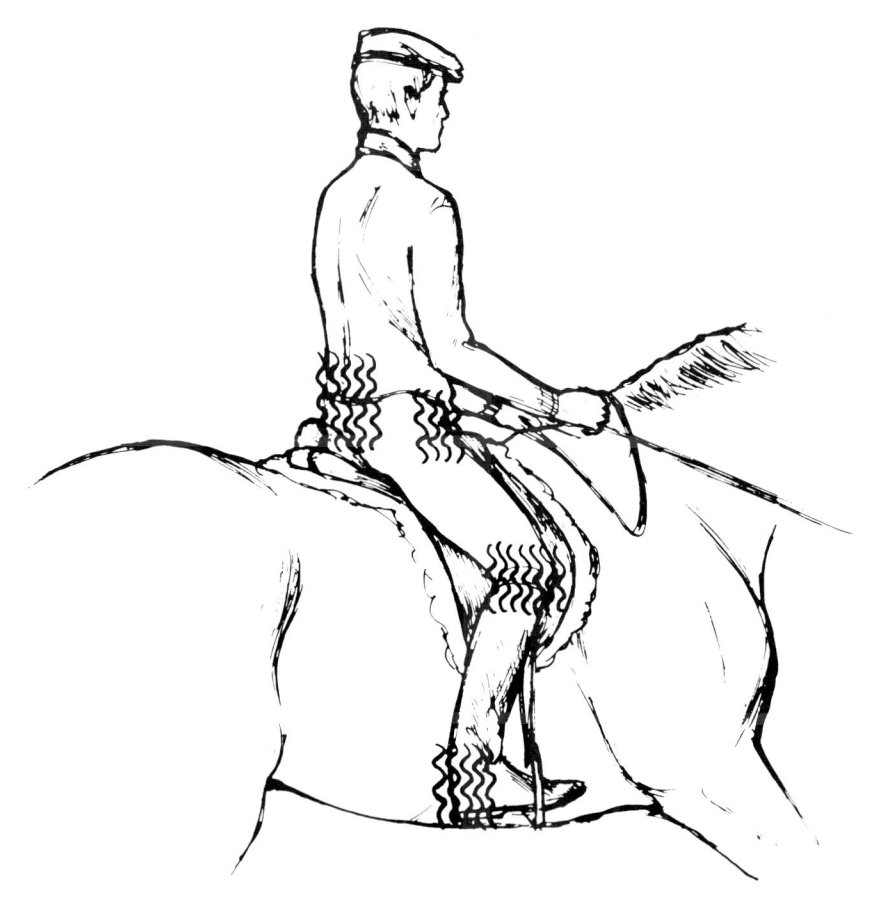

⓴ 図に示すどこかを硬くすると、首、頭、肩、拳が跳ね上がるでしょう。

対不可欠のものです。この騎座は開閉して馬のすべての動きについていき、柔らかい股関節、膝、足首と共に、正反動速歩への鍵となります (図100)。体を通る馬の背中からの上方への反動を受けることができれば、馬は素晴らしい動きで応えてくれるでしょう。

1976年のモントリオール・オリンピックのハリー・ボルトを思い出します。彼の肩は静止して、広くまっすぐで、骨盤の上でバランスがとれていました。拳は柔らかく静かでした。彼の燕尾服は背中下部を隠していましたが、股関節が自由なのは明白でした。そこには馬との完全な一致がありました。私の後ろに経験豊富な男性が2人立っていて、その1人がこう言っていました。「よくドイツの乗馬はとても硬いというけれども、彼の下半身は全く硬くない。もし硬かったら、肩はあんなに静かでいられないよ」。

後に、やはりドイツのウォルター・クリスティンソンが

マサチューセッツ州ハーバードの町で開かれたクリニックに来ているのを見ました。短いジャケットかセーターを着て乗っていたので、彼の背中下部とお尻を見ることができました。柔らかい膝と足首と、静かで柔軟な背中で、彼の股関節は動きを誇張するようなことなく、馬の動きを十分に吸収し、彼のお尻や太もも下部の筋肉が緊張する様子は全くありませんでした。美しくバランスのとれた柔軟性をもって乗っていたのです。

The Essentials & The Results

正しい速歩の基本は？

- センターから上下へのグローイングを保って下さい。
- 静かな背で、股関節を開き、太ももで随伴して、馬の前方、下方への動きについていって下さい。
- 股関節を開いたり閉じたりして下さい。
- 膝と足首をはためかせて下さい。
- 馬の背の上への波動を受け止めて下さい。
- お尻と脚の裏面を広く柔らかくして下さい。
- 背中を硬直させず、柔らかく保つために呼吸を続けて下さい。
- 重力を利用すること、締め付けてはいけません。

正しい速歩の成果は？

- 馬との一致。
- 馬とのコミュニケーションの増進。
- バランス、柔軟性、リズム感覚の改善。
- 馬の動きの改善。

Circles and Turns

輪乗りと回転

101 正しくない輪乗り

a. 硬い馬が間違った屈曲をしています

b. 馬は肩を突き出しています

　輪乗りをするのは簡単なことのように思えます。輪乗りでは、馬体の屈曲は、項から尾まで、輪線と同じ形でなければなりません。例えば、6mの輪乗りでは20mの輪乗りよりも、馬の体は深く屈曲することが求められます。しかし、よく見ていると、多くのさまざまな反抗や、馬とライダーの関係の欠如を見てとることができます。輪乗りや回転の時、肩だけが曲がり、肩が逃げて誤った屈曲をしている馬をよく見かけるでしょう（図101aとb）。時々全く屈曲しないで、後肢が前肢よりも外を通っている馬を見かけます。また、時には曲がりすぎているか全く曲がっていないかで、後肢が前肢の内側を通る馬もいます。このようなねじれやゆがみは、馬の体と関節の硬さ、ライダーへの反抗、あるいはそれらが一緒になったものです。

　馬の体全体、項から尾までが弓だと想像して下さい。弓を曲げるためには、真ん中を押すだけではなく、両端を固定しなければなりません。活動的な内方脚は、馬のリズムと調和させて、腹帯の所で使われなければなりません。そうした脚は弓を曲げ、前進気勢（前に進もうとする力）を作ります。硬さがあると、馬の反抗を引き起こすでしょう。馬は鉄の棒に挟まれたら体を曲げようとはしませんが、脚を長く伸ばすことによりもたらされる柔らかい敏感な脚でなら、喜んで曲がるでしょう（図56参照）。

　外方脚は、馬の後肢が外にぶれるのを防いで、弓の一方の端を固定します。そのため馬の脇でもっと後方に置かれます。外方脚は、馬の前進気勢がかなりなくなり、それを取り戻すために両脚が瞬間的に必要になる場合以外は、しっかりと、均一に、静かでなければなりません（図55参照）。

拳の役目

　外方拳は弓の一方の端を、馬の肩が外に逃げるのを防いで、屈曲の角度をコントロールして固定します。さらに、

ペースを維持して、ぴんと張り、一定であり続けなければなりません。馬の頸を圧迫するために、外方拳は馬の頸の中央のたてがみの位置までもって来ることはできますが、そこを越えてはいけません。前橋の方に外方拳を向けることは、馬を安定させる効果があります。外方手綱はゆるくてもいけませんが強すぎてもいけません。

　内方手綱にはもっと様々な役目があります。それは馬を軽く回転に導くことができます。しかし手綱にしがみついてはいけません。そうすると、馬は反抗し、硬くなってしまうでしょう。輪乗りでは、馬の内側の目と鼻の穴の輪郭が見えるだけで十分です。屈曲を固定する時、内方拳は内方脚の助けとなり得ます。馬の目の端が視界に入ってきて、馬がそちら側の体を柔らかくした時、同時に拳をゆるめてあげなければなりません。そのため、馬が正しく柔らかく動いた時、内方拳はわずかなコンタクトを保つだけです。これは外方拳のような支える手綱ではなく、要求してゆずる手綱です。

　輪乗りや回転の時の騎座、脚、拳の使用は、最終的にはこの曲げられた弓の効果を作りだすと同時に進行していくようにしなければなりません。しかし最初に、正しく体を使って、どのように扶助を与えるかを個々に学ぶ必要があります。

　短い脚の感覚を覚えていますか？外方脚を股関節から後方に向かって落としてみましょう（こうすると太ももを2.5cmほど、膝下を8〜15cmくらい後ろに引くことになることに注目して下さい）。そして踵を後方に沈めた時、肩から踵まで伸びる感じがするでしょう。馬を停止させて、正しく輪乗りをしているところを想像しましょう。そして内方の短い脚を鐙革の前に落として下さい。この動きにより、膝は下がり、膝下が腹帯の近くで馬の下方に押し下げられ、膝と足首が柔軟でいられます。

　初め常歩で、次に速歩で、大きな輪乗り、8字乗り、蛇乗りをゆるめの手綱にして、鐙なしで、短い脚だけを考えながら、数多く試してみて下さい。馬が短い脚の扶助だけで、回転や輪乗り、下への移行を明確に理解するのを見るのは、

とても楽しいものです。方向を変えるたびに、短い脚の位置を変えることに注意して行ってみて下さい。外方の短い脚が、しっかりと静かに腹帯の後方にある間、内方の短い脚はリズミカルに下に伸び、活動的な脚になります。脚の上端部は前に回転し、その他の部分は後ろに伸びることによって、「馬に太ももがぴったり接している」というのがどんなことかはっきりとわかるでしょう。内方の短い脚でさえ、馬にぴったり接している感じがするでしょう。

　馬の横腹をもっと感じることができるようになるのは素晴らしい感覚です。ある生徒は、「鞍はただ座るためのものだと思っていたけれど、今、私の短い脚は、鞍の側面がとても大事なものであることを実感した」と言っていました。

　鐙をはいて、短い脚に膝から下をつけてみましょう。その時、膝がなくて、短い紐が、膝から下と太ももをつないでいると想像して下さい。紐だけでつながっているおかげで、膝から下は太ももの位置にあまり影響を与えないでしょう。一方、太ももは膝から下の位置に影響を与えることがあります。太ももを平坦にして、膝を柔らかくし、膝下を馬体につけて、足を馬体にできるだけ平行にして、足首を柔らかく曲げて、外方脚をお尻から後ろに伸ばして下さい。踵を押すことによってではなく、最終的には外方の坐骨とお尻を馬の背の上で心地良く安定させるようなリラックスした方法で、踵が鐙を通って後方に下方に沈んでいくのを感じなければなりません。

　この脚の位置と使い方は、内方の短い脚を落とすと共に、内方の滑らかに動く坐骨と合わさって、自分ではほとんど苦労せずに、馬を輪乗りで前進させる助けとなります。活発に内方坐骨と脚を使っていると、外方の坐骨がふと上がってしまい、体が回転する側に傾いてしまうことがよくあるでしょう。また、骨盤全体もしばしば外側にずれてしまいます。このような失敗は短い脚を正しく使っていれば起こりません。

上半身の動き

さて、輪乗りと回転における脚と騎座のコントロールを手にいれましたから、今度は上半身について考えてみましょう。輪乗りを改善する次のステップは、また停止から始まります。馬に乗っていてもいなくても、あなたのどんな動作も、ある程度体全体に影響します。これを自覚するのに最適なのは輪乗りをすることです。地面を歩いて右か左に曲がり始める時、あなたは無意識に肩を回転する方向にほんの少し回します。両肩が位置を変えることに注目して下さい。一方が前にでると、もう一方は引かれるのです。それは小さい動きですが、肩を進みたい方向へと一致させます。

馬に乗ると、違う面を付け加えなければなりません。右に回るには少し右肩を引いて、左脚を馬体の脇で後方に置きます。足の裏から頭のてっぺんまで体全体を右へひねることになります。中央にある骨盤は少ししか影響されません。しかしながら、動き全体を作るギアはセンター（体の中心）にあり、上半身と下半身の動きはすべてそこから生まれます。

回転運動のためのエクササイズ

上半分の動きから始めましょう。腕を横に水平に伸ばして下さい。船のマストが体を通って立っていて、肩や腕は桁端（マストからつき出した帆をはる部分）のようだと思って下さい。よく油を塗ったマストを好きなように回転することができます。でも曲げることはできないので、桁端を水平に保つのに何の障害もないでしょう。肩、腕、頭を、上半身と一体にして回転させてみて下さい。骨盤は静かに保ちます。腕を水平にすると、肩を水平に保つのがどんなに簡単か注目して下さい（図103a）。上半身の解放に注目して下さい。回転を続け、自由に体を振ることができるように感じたら、徐々に腕を下げて、前に大きなビーチボールを抱えているように丸くして下さい。き甲から約15cmぐらい上に拳を置いて、手のひらを少し上に向けて、肩を広

⑩ 床屋の円柱になって下さい。右に行く時は右回りに回転し、左に行く時は左回りに回転して下さい

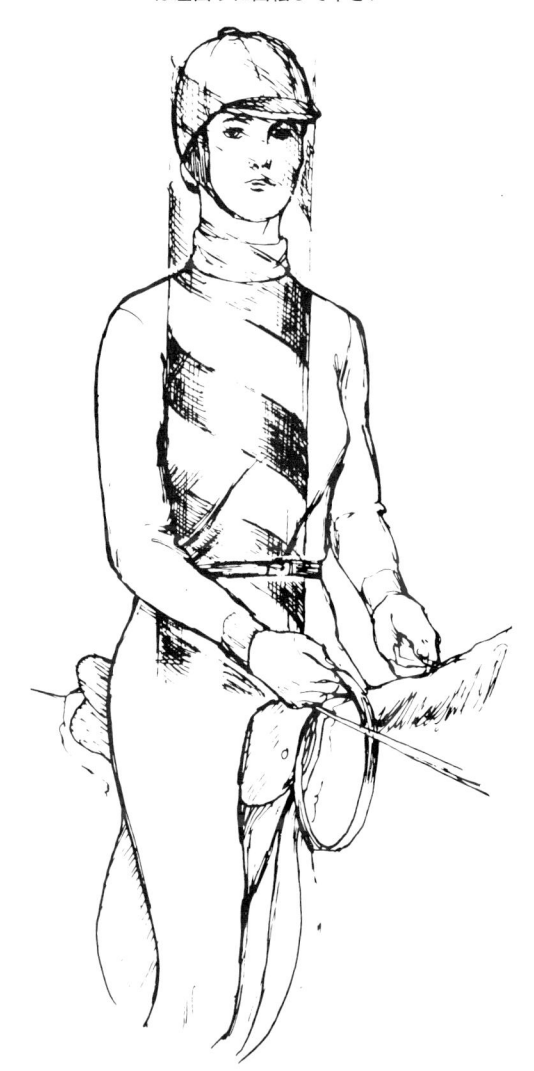

くぶら下げて下さい（図103b）。この新しい姿勢で、前後に回転運動を続けて、体の中のマストのまわりを循環する感覚をセンターから感じて下さい。バランス良く、柔らかで、開放的に感じられるはずです。回転しながら、静かに肘を体の横につけて下さい。手はあったところに残して、肩を動かし続けて下さい。回転を少しずつ小さな動きにしていくと、馬に乗って輪乗りをするのに申し分のない、とても洗練された繊細な上半身の動きになることを発見するでしょう（図103c）。正しい姿勢では、本当はうつむくのはいけないことですが、ちょっと拳を見下ろしてみましょう。腕と拳は肩と一緒に動くので、センター（体の中心）から作られた動きだけで、外方手綱が横に動き、ちょうど必要なだけ馬の頭の上に来ているのを見ることができるでしょう。

今度は脚だけを回転させてみましょう。以前行ったように、初めに片方の短い脚（図60参照）を後ろに引いて、もう片方をまっすぐ下に下げて下さい。そして反対方向に回転して、短い脚の位置を反転させて下さい。あなたは上半身のバランスを組み立てなければならないでしょう。これを行うには、呼吸法、センタリングを使って実際にソフトアイで見る必要があります。そうしないと骨盤がねじれて、両脚を交互に動かすたびにお尻の半分が鞍から落ちてしまうのがわかるでしょう。大きく振らないで下さい。小さく正しく続けて下さい。

では、上下の動きを協調させてみましょう。再び腕を水平に伸ばすことから始め、円を描きながら下げていき、肘を低く、拳を通常の位置に戻しましょう。右肩を後ろに引く時、左脚は引かなければならず、その反対は逆になるので、始める前によく考え抜いておきましょう。マストを横にねじらず、垂直に保って下さい。背中下部を長くして、両側のお尻が均等に鞍に乗るようにし続けて下さい（図103d）。私はこのエクササイズの間、ライダーの後ろをついて歩いて、両方のお尻が柔らかく鞍の上に乗っているかを見るのが好きです。頭は肩よりも回転することはないということ、自分がよく油を引いたギアであるセンターを使っていることを忘れないで下さい。

赤白青のストライプの、床屋の円柱を見たことがあると思います。それは絶え間なく回転し、動きはいつまでも上方へやさしく流れ出るような印象を与えます（図102）。輪乗りや蛇乗りをするために馬を回転させる時、足の裏から頭のてっぺんまでが床屋の円柱であると想像して下さい。

12. 輪乗りと回転

a. 腕を水平に回転させます。骨盤は
静かなままです

b. ビーチボールを抱えているところ
をイメージして回転します

⑩③

c. 肘を落として旋回します。腕は肩と動き、
回転運動するための正しい姿勢になります

d. 脚と肩は反対方向に回転します。
左に曲がる時の正しい姿勢です

あなたが右に回る時、円柱は右回りに回転します。左に回る時は左回りに回転します。グランプリレベルまでの馬場馬術競技の経験があるライダーが、このエクササイズを練習した後に、「インストラクターから、方向を変える前に自分の姿勢を変えなさいと言われる時には、床屋のポールの回る方向を変えれば良いということがわかりました」と言いました。

　全身でこの方法を使って、20mの輪乗りや蛇乗りを常歩で、軽いコンタクトで何回か行って下さい。そして軽速歩、速歩でも行ってみて下さい。たぶん前より少ない努力でできるのに気が付くでしょう。あなたの包括的な扶助がとても明確で、少しもうるさくないために、馬は喜んで反応するでしょう。

　床屋の円柱の概念で上手く行かない人には、いくつか他に手助けとなるイメージがあります。内方の肩を正しく開くのが難しかったら、外方の拳に両方の手綱を持って、内方の腕をまっすぐにたらして下さい。そうすれば肩を回転させた時、内方の拳は太ももの後ろに来ます（図104）。こうすると、体の前面が開放された感覚が作られます。それが正に両手に手綱を持った時に感じるべき感覚なのです。

　正しく回転できた時には、拳はわずかしか横に動きません。見下ろして、この動きを観察して下さい。拳をき甲の上で静止させたまま、もう一度体を回転させて下さい。そうすると体を回転させるのが、どんなに難しいかわかるでしょう。多くの人が、肩と一緒に腕を動かせず、そのために回転の流れを止めてしまいます。そして時々上半身は既に回転していると勘違いして、頭と首を回転させてしまいます。しかしまだ回転していないのです。ですから、胸に

104　回転で内方の肩を開くことを習っている間、内方の腕を太ももの後ろに落としてみましょう

12. 輪乗りと回転

目があるような気になってみて下さい（図105）。輪乗りの輪線上を胸の目で見るためには、上半身を回さなければならず、胸はその方向を向きます。あなたは内方の肩が邪魔にならないようにしなければならず、そうすれば胸に付いた目ははっきりした視野を持つことができます。これを行う時、鼻は胸骨の真上にあるべきです。そうすると、頭は安定するでしょう。障害飛越では、もっと頭を回さなければならないでしょう。しかしフラットワークでは、ソフトアイを使うと馬場の半分を一度に見ることができることを思い出して下さい。ですから、体全体に影響してしまうのなら、頭を回転させる必要はありません。頭を回転させると、あなたの繊細な体はセンターからはずれてしまうことがあります。胸の目が回転の方向をはっきり見ることができれば、頭と肩を正しく動かせたということです。

　この回転するエクササイズを常歩と速歩で行い、回転する際に自分が内方の肩を落としてしまうのに気付いたら、マストについた桁端が水平にしか動かないことを思い出して下さい。肩を落とすことは、特にまっすぐ前へ進む時に問題を起こします。なぜなら、そうすると内方の肋骨と腰椎はつぶれ、体重は外側の坐骨にかかり、骨盤はセンターから外れ、外側に押し出してしまいます。ですから、桁端を回転させる時、内方の肋骨の下の方で呼吸をするようにすれば、つぶれずに、直立と平衡を保つでしょう。ライダーの体の軸は、決して馬の体の軸よりも傾いてはいけません。最もバランスのとれたフラットワークでは、ほとんどの動きがゆっくりなので、傾きはとてもわずかです。

　インストラクターに、回転の時に内側のお尻を前に動かすよう言われたら、あなたはもう短い脚（図60参照）を落

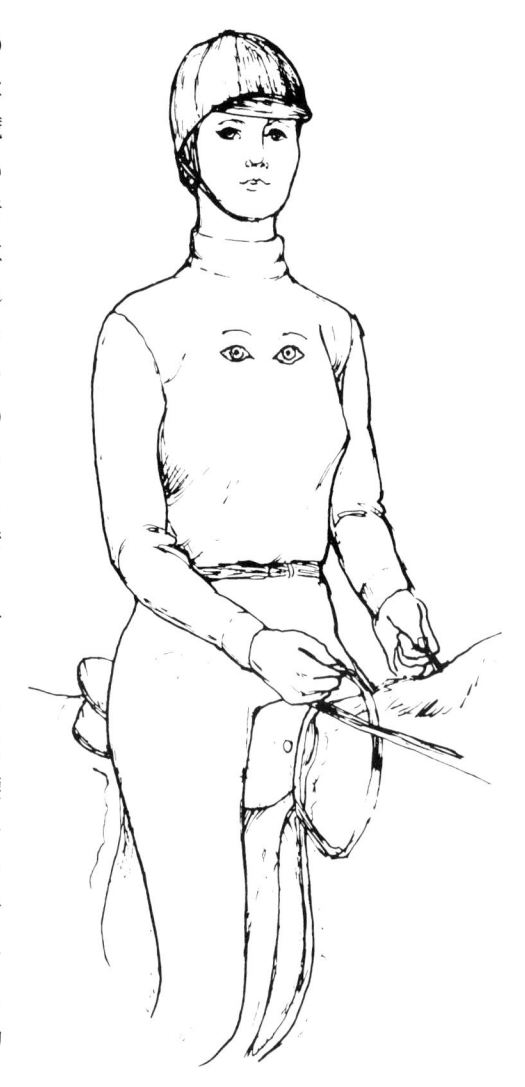

⑩⑤ 上半身を回転させるのを助けるために、胸に回転の方向を見る目が付いていると思ってみましょう

111

とすことによってこれを行っているということに気付いて下さい。無理にもっとお尻を前に動かそうとするのは、難しくて破壊的です！

　回転でもっと効果的に乗るもう一つの方法は、自分のセンターの回転する側から生まれるエネルギーで馬を動かしていると感じることです。言い換えれば、右に曲がるには右側で呼吸してセンタリングし、左ではその逆になります。

　これまで、輪乗りと回転を学びながら、どこに短い脚を置けば良いか、どのように肩を正しく回転するかを知りました。そして望み通りの角度で馬を曲げることにより、馬の前駆と後駆をコントロールすることがとても簡単になりました。これは回転を通して馬全体を導き制する、かけがえのない扶助です。筋肉をほとんど使わず、最小限の動きと労力で、回転のために、センターから骨盤、脚、上半身、頭、肩、拳を正しく同時に動かし、位置づけました。

回転運動のエネルギー

　輪乗りや回転を行うために必要な、特別のエネルギーについて話したいと思います。何故ならまっすぐに進むより、回転する方が多くの努力を必要とするため、輪乗りや回転の時、馬とライダーはエネルギー（推進力）を失いがちです。漏斗を勢いよく通る水をイメージすることは、ライダーが求められている前方へのエネルギーが後方から来ることを、実際に理解し、感じる手助けとなります。あなたの脚、騎座、腕、拳、手綱は漏斗です。馬は水です。両手を馬の口に向かって伸ばして、水が勢いよくあなたの中を通っていき、両腕の漏斗から流れ出るのをイメージして下さい。

　後ろから来る水は、まっすぐ吹き出すのに十分な力で、漏斗の形によって方向づけられています。あなたの両腕、つまり漏斗の両側は、水から等しい力を受けています。いくらか両腕を右に回転すると、漏斗のどちら側がより強い水の力を受けるでしょうか？水は圧力がかかるとまっすぐに進みたがるので、答は左腕です。左腕は右に回転する時に、水に対してより大きい抵抗を作ります。それは漏斗の外側の壁です。このイメージは輪乗りをする時、外方手綱と脚は一定の、ときには強いコンタクト、つまり水の突撃に抵抗し得るだけの強さのコンタクトを必要とすることを理解する助けになるでしょう（図106）。

　漏斗の内側の壁、左腕を同じくらい強くする必要がない

12. 輪乗りと回転

(106) 回転では、馬の前進気勢のエネルギーは、曲がった漏斗の中を勢いよく噴出する水であると思って下さい。水が漏斗の外側の壁にぶつかるように、馬は外方の扶助に対して押してきます

107 輪乗りの外側。馬の屈曲と馬とライダーのバランス、ライダーの脚の位置に注目して下さい

108 輪乗りの内側。馬の体の屈曲、ライダーの脚と上半身の位置に注目して下さい

というのは当然です。もしそれをすっかり取り去ってしまっても、水はこぼれ、飛び散り、どこかへ行ってしまうだけです。もしこの内方の拳を強く使いすぎて、馬を回転に沿って動かせないと、それは流れを押しとどめて妨害し、前への動きを遅くしたり、止めてしまいさえするでしょう。内方手綱は、水を方向づけ、また前への流れを維持するのに、いくらか必要です。しかし握りは軽やかで遊びがなくてはなりません。

　誰かが後ろで水の勢いを止めてしまったらどうなるでしょう？もちろん水の流れは止まります。これはどんなにきちんと漏斗を正しい方向にセットしても、曲がって行くことができないことを意味します。後ろから来るエネルギーはなくなってしまいました。どこでその水の勢いを作れるでしょう？それは馬の後躯から来て、あなたの内方脚で活性化されます。あなたがこの内方脚を首と肩から柔らかく使っていると、内方脚はとても有効になり、馬は従ってくるでしょう。硬く、ゆずることのない脚では、馬がそれに反抗して、間違った方向に曲がりがちです。

　輪乗りと回転の扶助を理解することができたでしょう。要約すると、外方脚と手綱は、回転をするために馬のエネルギーを制御します。内方の手綱は漏斗の形を維持しますが、そのエネルギーを邪魔する力はありません。そして内方脚はそれが力強く前方へ流れていくのを維持します。経験あるライダー達でさえも、このイメージで初めて外方の扶助の理由が明らかになったと言いました。

　床屋の円柱と水の漏斗のイメージを組み合わせて使うことによって、常歩と速歩で蛇乗りを練習しましょう（図107と108）。蛇乗りで輪線を変える時、次の回転を自分の心の中のビデオテープで再生しましょう。自分自身と馬を回転のために姿勢を整え、そして通過しましょう。外方の脚と手綱が馬を制御する間、首と脇の下を柔らかくして、柔らかい内方の坐骨、お尻、膝下で馬にぴったりつくことを忘れないで下さい。馬の内方後肢が、体重を支えるために、1歩ごとに前に出てくることを考えて下さい。馬のリズムをよく聞き、感じて、馬が前に出るのを励ますために、あなたのセンターから精神的なエネルギーを作り上げて下さい。胸の目を回転の方向に向かせ続けて、馬の背を通して、馬のストライドが上へ押し上がってくるのを感じて下さい。

The Essentials & The Results

輪乗りと回転の基本は？

- ４つの基本を使って下さい。
- 骨盤を水平に保ち、短い脚（図 60 参照）を鞍の前部にぶら下げて使って下さい。
- 外方脚を股関節から後ろに引きます。
- 外方脚を後下方に沈めて、足を馬体に平行にします。
- 柔らかい内方脚、短い脚の上部と膝から下の両方を、馬を曲げるため、刺激するために、スライドする坐骨と共に使います。
- 肩と上半身をわずかに回転させて、胸の目に回転する方向を見せます。
- 外方手綱を静かに支えるように維持します。
- 内方手綱で要求してゆずります。
- 漏斗の中で水を勢いよく流し続けます。
- 足の裏から頭のてっぺんまでが床屋の円柱だと思いましょう。

輪乗りと回転の成果は？

- 内方の坐骨は自由にスライドして、両側の坐骨が馬の上にとどまります。
- ライダーの体は安定して、バランスがとれていて自由です。
- 馬は輪線に対して正しい屈曲を保ちます。
- 馬は簡単にバランス良く前に動きます。

13 半停止とセルフキャリッジ

Half Halts and Self-Carriage

半　停　止

　私の生徒達が乗馬の心地良い感じをつかんだ時には、4つの基本が彼らのテクニックの中にしっかりと根付いています。彼らは上半身、首、頭をコントロールし、バランスをとります。長く広い背中と、それによる自由な股関節を使って乗ります。常にセンタリングとグローイングを行うことによって、きれいに輪乗りや回転を行っています。下方移行も上手にできるようになります。この時点で、私は一連の質問をします。

　1つ目の質問は「センタリングはあなたの体にどんな効果をもたらしますか？」というものです。答は色々です。「リラックスさせてくれます。…前より柔らかくなります」「より快適になります」「深く座ることができて…体の重心が下がって…脚が体の下に来ます」「自分が何をやっているか感じることができるようになり、馬のこともっと感じられるようになります」これらはすべて正解です。それから最後にこんな声が出ます。「体のバランスがとれます」。これが私の待っていた言葉です。センタリングはあなたの体のバランスをとったりバランスのとり直しを行い、その他あらゆる成果をもたらします。

　次の質問は、「馬はセンタリングに反応しますか？もしするならどのように？」というものです。馬がセンタリングを感じていることは、みな確信しています。馬がどのように反応するかということになると、答はたくさんあります。「馬がもっと柔らかくなって…流れるような歩様で動くようになります」「聞き分けが良くなります」「もっと前に動くようになります…後肢を体の下に踏み込むようになります」これらの答も正解です。突然誰かが気付きます。「馬は自分のバランスをとり直しています！」そうです！馬はあなたがバランスをとるのを感じると、それを心地良く感じ、後肢を深く踏み込みながら、背を丸め、広げることに

よって、騎座を持ち上げ、前駆を軽くし、自分自身のバランスをとり直します。

　そして3つ目の質問をします。「半停止とは何ですか？何故するのですか？」この質問には、いつも驚いたしかめ面の顔をされます。他の2つの質問にはうっとりするような笑顔が返ってきたものです。彼らのたどりついた正しい答えは、「何かを行う前に半停止をします」「馬に、歩様やペースを変える準備をさせます」「後肢を深く踏み込ませるために、脚を使って拳へ馬を操作します」。この最後の答えでは、しばしば体の前面と肩がこわばって、互いに引っ張り合い、お尻と脚は緊張し、顔までしかめ面になってしまいます。

　そこでこう聞きます。「半停止は馬に、基本的には何をしますか？」すると、ひらめきます。「馬のバランスをとり直します！」正にそうです（図109）。そのことについて深く考えると、自分自身をセンタリングするたび、あなたは実際に小さい半停止をしていたことに気が付くでしょう。今や、なんとも見事に簡単に理解することができました。もはや半停止には、しかめ面や緊張した体は必要ありません。

109　下方移行における半停止。駈歩から速歩へ。馬はバランスをとり直すため、ライダーの下でもり上がります。ライダーの脚はもっと後方に下がります

半停止はリバランス

『半停止』は的外れに誤解をまねく語句です。それは停止とはほとんど関係ありません。『半停止』より、『リバランス（バランスのとり直し）』、という方が良い言い方でしょう。しかし『半停止』という言葉は一般に普及していますので、この言葉を使います。

ほとんどの場合、半停止は、後肢をより大きく使うことを意味します。馬の体の下に深く後肢を引き込むので、重心が後ろに移動し、前躯が軽くなります。半停止では、スピードを速めたり遅くしたりする必要はありませんが、内面的な前方への動きで満たされています。常歩から速歩への移行のように、馬に違う動きを要求する時、半停止を使い、馬が注意深く体のバランスをとり直すように要求して、準備させなければなりません。そうすれば簡単に、素晴らしい移行ができるでしょう。また半停止は、動きの中で必要に応じて、馬のバランスをとり直すためにも使わなければなりません。半停止の最後は、馬へのご褒美として、また前に進ませるために、拳を軽くするのを忘れないで下さい。

トレーニングにおいて、この時点までセンタリングする時はいつも、自分自身と同様に馬のバランスも立て直しながら、『ミニ』半停止を行ってきました。センタリングに、拳に向かうより強い脚、より強い拳に流れ込む脚、曲がり角での外方拳に向かう内方脚、のいずれかを付け加えることによって、もっとパワフルな半停止を行うことができます。センタリングするだけで、半停止をささやきかけることもできます。しかし小声であれ大声であれ、絶対に後肢を前肢に押し込む方法であってはなりません。それどころか、半停止はダンスのようなものなのです。

ロッキー・リチャードの本、『正しく始める馬場馬術 (Dressage : Bigin the Right Way)』には、半停止について書かれた素晴らしい章があり、私はあらゆるライダーに勧めています。彼はこう書いています。「すべてのライダーに行う必要があるのは、姿勢を正しくすること、ある

いはしばらくの間背を伸ばして座り、騎座をリラックスさせることによって、馬が坐骨を持ち上げ、脚の間でもり上がるようにしてやり、ちょっとの間、もっと優雅に自分自身を支えることです。馬は、ライダーが自分自身を支えているのを感じると、体を少し持ち上げてこれに応えます」。

とても強く引っ張る元気な馬に乗っている時に、まず馬をゆっくりにさせ、ペースを保つ必要があります。半停止の一連の動作や、小さな下への移行を行うことを考えましょう。馬を一段階落ちつかせるために、要求する、受ける、ゆずるといった扶助を使いましょう。扶助をさらに数回繰り返し、その後望むスピードを保つために、必要に応じて扶助を使いましょう。この手順を繰り返すうちに、本当に馬のスピードをゆるめることができるでしょう。その結果、センタリング、半停止、下方移行というこれら3つの道具を、色々な目的のために組み合わせることが可能であることがわかるでしょう。

これらの扶助はすべて、いろいろなレベルや組み合わせで使うことができます。ですから、それらを右脳のプールに準備しておいて下さい。私はよくライダーにこう言います。「背を伸ばしすぎたり、深く、広くなりすぎたり、センタリングや半停止をしすぎてしまうことはありません。

あなたが馬と共に運動する時、センタリングをしていようとも、半停止、あるいは下方移行を行っていようとも、ただ『リバランス』だけを考えていれば良いのです。これはあなたのライディングに新しい側面を付け加え、馬のセルフキャリッジへと導きます」。

馬とライダーのセルフキャリッジ

セルフキャリッジとは何でしょうか？それは馬の蹄と馬体との関係を示す概念です。馬の体を、4本の蹄を持つ肢がついた平行四辺形だと考えて下さい。地面に着いた蹄の位置が、長方形の体と関係して、馬体の安定性を決めます。

110 馬の蹄と体の関係

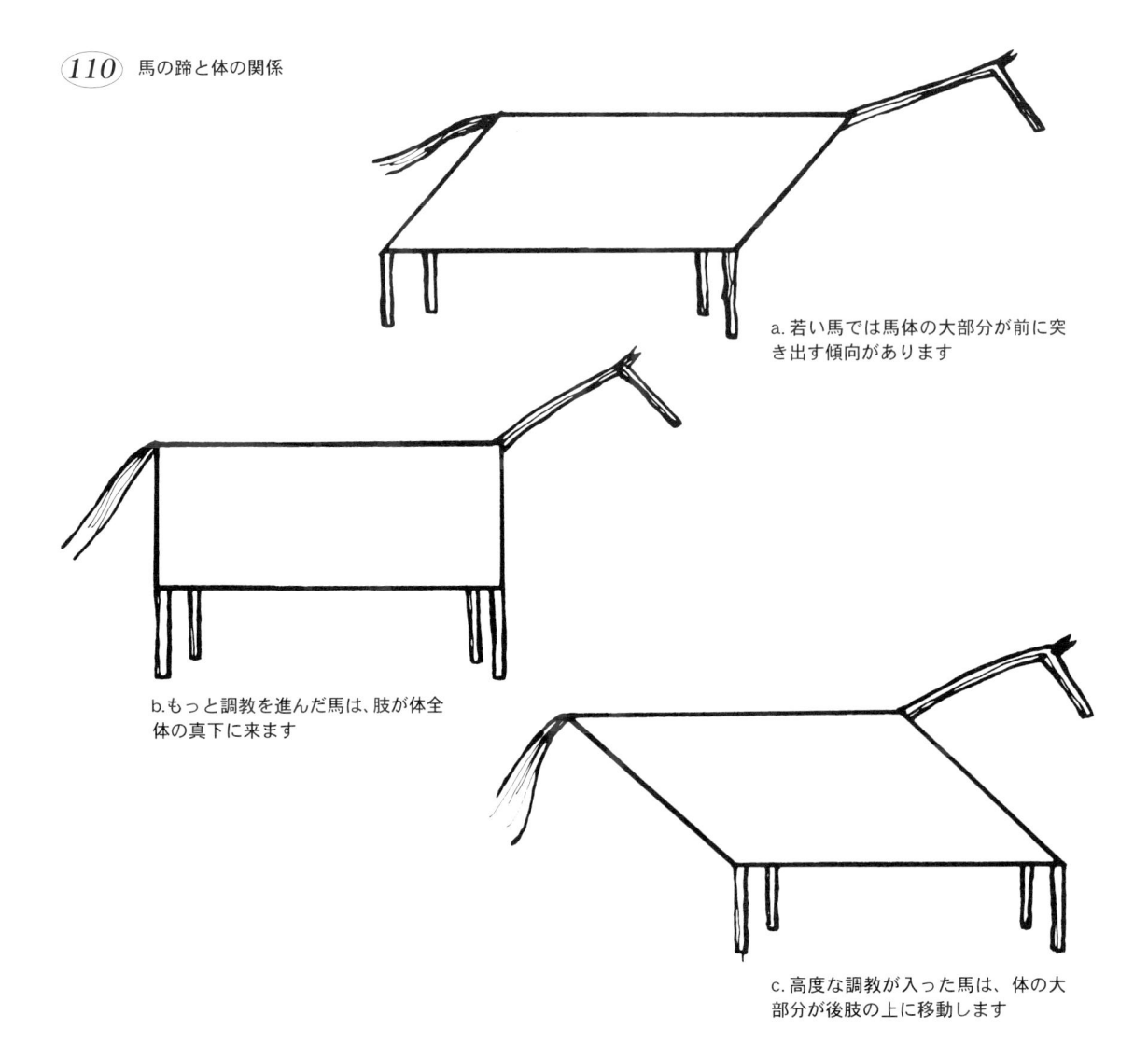

a. 若い馬では馬体の大部分が前に突き出す傾向があります

b. もっと調教を進んだ馬は、肢が体全体の真下に来ます

c. 高度な調教が入った馬は、体の大部分が後肢の上に移動します

　若い、または調教されていない馬では、4つの蹄は長方形の後方にある傾向があります。体の大部分が支えられずに、前に突き出ます。頭の先は、前方下に傾きがちです。蹄で体全体を支えるのは、とても難しいことです。なぜなら頭の方に追いつくのがとても大変だからです。馬の肩は、ライダーの分も含めて体重がかかっているので、あまり助けになりません（図110a）。

　いくらか調教を受けると、長方形のバランスはどんどん良くなります。馬は自分が傾いた平行四辺形ではなく、垂直の角を持つ長方形になれることを発見します。また、馬の蹄は体の下にきちんと入り、がっちりとした、軽快なバランスをとることができます。必ずしも見事ではありませんが、すべてが安定して心地良くなります（図110b）。

調教を通じて馬が発達していく中で、後躯がより強くなり、後肢でもっとたくさんの体重を支えられるようになります。ライダーがもっと収縮を求めると、馬は長方形の中央に向かって、後肢の蹄を容易に持っていけることがわかります。後肢はより強く、可動性が増します。そのため、蹄はより多く馬体を支えることができます。この後躯の支えにより前肢は解放され、収縮、伸長両方の歩様が行えるようになります。後肢が蹴り出される前に、馬体の下によく踏み込まれ、肩と前肢が滑らかに弾力的に伸びるので、このようなことが可能になります。この時、馬はセルフキャリッジを発揮したのです（図110c）。

　内なる本当のバランスを馬に乗って達成した時、馬の重心の上に自分のセンター（体の中心）を重ねて、容易に乗っている自分を発見するでしょう。重心は、鐙革がまっすぐぶら下がっている時、中間にあります。鐙革が垂直で、脚がセンターの真下にある時、あなたは馬の重心の中心上でバランスがとれているでしょう。もしこの方法で首尾一貫して乗ることができれば、自分自身のセルフキャリッジを得たということであり、馬がセルフキャリッジを達成することを手伝うことができます。

　ライダーを乗せていない馬は通常、セルフキャリッジを持っています－牝馬にアプローチする牡馬は、がまん強い練習馬よりも、セルフキャリッジを素晴らしくたくさん持っています。もし70kg近い体重を馬の背に乗せると、セルフキャリッジは馬にとって難しくなります。しかし正しい訓練によって馬は調整され、この加えられた体重の下で素晴らしく動くことを学びます。そこでセンタード・ライダーは、馬を適切に助けることができます。

　馬がセルフキャリッジを持っていると、後肢を1歩ごとにお腹の下によく踏み込み、馬体の支えが増すことによって前躯が軽くなり、外観や動きが明るく活発になります。推進力は上方に、そして前方に弾力を持って向います。この時馬の頸は、き甲から項を通って丸く伸び、少しアーチ形になります。馬の顎は柔らかく、背は広く長くなります。肢は背から、滑らかに自由にスイングするように見えます。馬は満足そうです（図111）。

　こうした優れた動きは、馬が動く際に、最大限の自由と快適を与えることができる時だけ達成できます。騎座と脚と手綱が、馬を導き助ける道具として必要です。文字どおり馬を助ける（扶助する）のです。

⑪ セルフキャリッジを持った馬。バランスが保たれ、柔らかい、ゆったりとした背、き甲から項までの首筋の優雅なカーブに注目して下さい

　馬のセルフキャリッジと関係して『フレーム（外形）』という言葉を常に使うと混乱を招きます。何故なら、厳格な感じを与えるからです。ライダーが硬い扶助で馬の流れるような扶助を制限しても、馬を正しい形にはめ込み、かつ硬直させることが可能なため、この混乱はもっとひどくなります。感覚の鋭い、バランスのとれたライダーの元では、馬は硬直することなく正しい形になり、ほとんど圧迫を感じないでしょう。馬は自分自身を支え、一貫性を保つために、繊細な助言だけを必要とします。これが自分の能力あるいは運動のレベルに合った、正しいセルフキャリッジを持った馬です。馬は自動的に、正しい、流動的な形になります。あなたが首を自由にし、頭のバランスをとり、背中を長く広くさせる時に感じるような感覚を、馬も感じるでしょう。

13. 半停止とセルフキャリッジ

　センタード・ライダーとして、どうしたら馬に真のセルフキャリッジを持たせることができるでしょうか。それはその他すべてのことと同じように、常歩から始めます。騎座を随伴させることによって、馬に歩幅を長くして、後肢を深く踏み込む時の心地良い感覚を教えることができるでしょう。そうすることで、馬は背と後駆の筋肉を発達させることができます。馬の肩はより柔軟になり、あなたを乗せて体全体を操縦することを学びます。1歩ごとに騎座を通ってくる、上への波動をいつも感じることが大切です。あなたの騎座の個々の部分を馬に持ち上げさせたり下ろさせたりしていると、馬が背を使うよう促してあげられるでしょう。それがセルフキャリッジの鍵です。馬が自分の脚の前にいるように感じるでしょう。それは馬があなたの脚の扶助にすぐに反応することを意味します。お尻を通じて馬の歩様から来る波動を受け止めることを止めると、馬が自分の脚の後ろにいることに気付くでしょう。

　リズムを乱さずに常歩をしながら、セルフキャリッジの状態で、馬を脚の前に維持することができたら、速歩と駈歩でセルフキャリッジを発揮させる準備ができたことになります。ここでもまた1歩ごとに、速歩ではワン・ツー、駈歩ではワン・ツー・スリーで、持ち上がる力と、波動を感じなければなりません。そうしなければセルフキャリッジは失われ、また馬は脚の後ろに行ってしまうでしょう。1歩の上への波動を感じることを忘れてはいけません。同時に他の扶助を使いながら、これを行うには、集中することが必要です。本当に開放された騎座と、自由な頭と首を維持すれば、馬は快く扶助に応え、結果として、扶助は軽くなっていきます。

　自分の心の中のビデオテープが、馬をセルフキャリッジに保つための大きな助けとなります。心の中で4つの基本について思い起こしていると、馬と自分がセルフキャリッジで、前に軽快に美しく動く、完璧な様子が見えます。

The Essentials & The Results

半停止の基本は？

- 半停止をバランスをとり直すこととして理解します。
- センタリングを行い、必要なら脚から拳への扶助を加えます。
- 半停止が終わるごとに拳を軽くします。
- 開いた、受け止める騎座を維持します。
- 前方を考えます。

半停止の成果は？

- より深く、柔らかく、バランスのとれた騎座。
- 馬がバランスをとり戻します。
- 馬の後肢がもっと使われます。
- 馬はセルフキャリッジを発展させ、ライダーの支えなしで、軽快さが保てるようになります。

The Canter

駈　歩

　駈歩では、柔らかい背中下部、自由な股関節、受容力のある坐骨とお尻、弾力的な膝と足首を伴った、随伴する騎座を使うことが基本になります。運歩は、常歩とも速歩とも異なります。先に述べたように、常歩は4拍子の揺れ、速歩はもっと速い均等な2拍子のリズムです。この2つの歩様では、馬の背は基本的に水平なままです。駈歩は休止を含む、もっと長い3拍子のリズムです。馬の背は水平を維持せず、シーソーのように上がったり下がったりします（図112）。左手前の駈歩での運歩は、右後肢、左後肢と右前肢が同時に、そして先行する左前肢、という順番です。そして馬体は、右後肢が再び地面に着くまで空中に浮きます。あなたの下半身はスイングし、下に伸び、受け止めなければなりません。

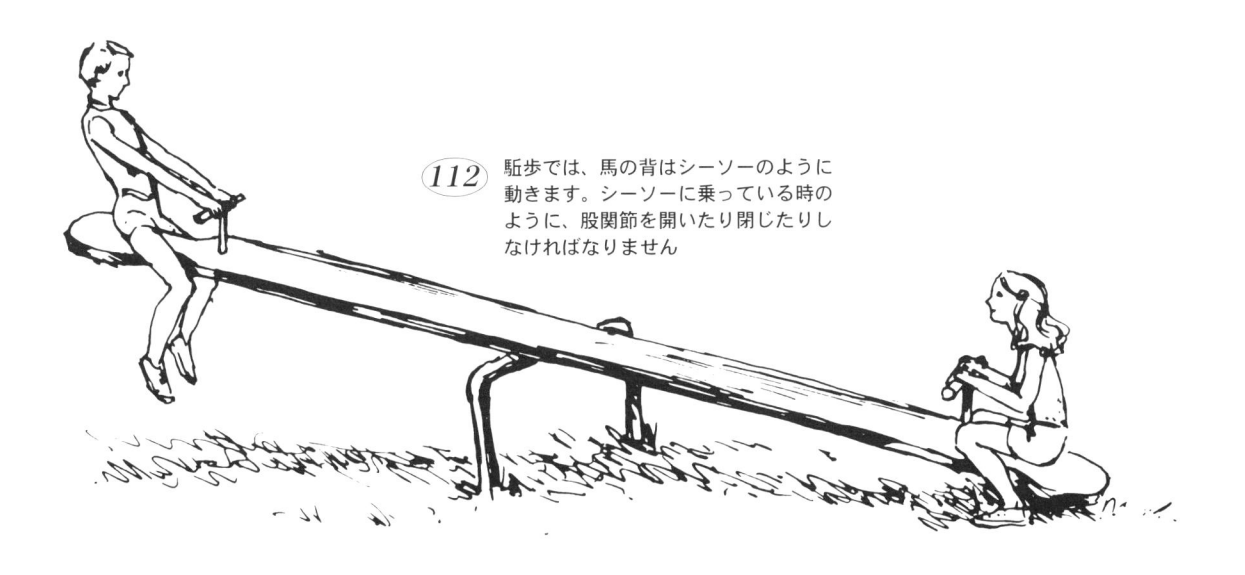

112　駈歩では、馬の背はシーソーのように動きます。シーソーに乗っている時のように、股関節を開いたり閉じたりしなければなりません

私はこのように考えます。外乗で、15mほどの下り坂を馬で歩くとします（図113）。この時に馬の背は、しばらくの間この小さい傾斜にそって下に傾き、また水平に戻ります。リラックスしていれば、馬の背が傾く時、あなたは太ももの前面を落とそうと自然に股関節を広げるでしょう。ほんの少し背中下部をへこませることにより、肩はまっすぐのままです。そして馬が水平な地面にたどり着くと、あなたは通常の姿勢に戻ります。駈歩では、ワン・ツー・スリーのリズムと滞空期のあいだ、馬の背が上下に傾くのに合わせて、股関節を開いたり閉じたりしなければなりません。3拍子目で馬の背が最も下がる時、腰は完全に開くでしょう。滞空期の最後に馬の背が上に傾き始め、後肢が地面に踏み込むと、馬の動きにより自動的にあなたの腰は閉じるでしょう。その時すべきことは、短い脚（図60参照）で馬の背についていくことです。

14. 駈歩

⑪③ 駈歩の3拍子目は、外乗で小さな下り坂を常歩で下るのに似ています

114 駈歩の運歩の連続。馬の背の前後の高さが変化するのに注目して下さい。それによってライダーの股関節は流れるように開閉します

体の前部が、長い弾力性のある帯であるように感じると良いでしょう。1歩ごとにそれは伸ばされ、解放されます。背中下部を柔らかくし続けている間、馬があなたの股関節を開いたり閉じたりするのを許容しなければなりません－本当に馬にあなたを動かさせて下さい。太ももと坐骨を広く使って乗って下さい。体重を広い帯の上に均等に分散させて、坐骨とお尻の下の部分だけではなく、自分が鞍の前の部分も覆っていると感じて下さい。馬のまわりに体重を落として、まるで騎座が柔らかくぴったり合った革の手袋になったように、馬に騎座を満たさせて下さい。このリラックスした騎座によって、滞空期に鞍の上にとても深く座っていられれば、馬の体は丸く盛り上がります（図114）。馬の運動の流れと共に股関節が開閉すると、太もも前面がよく落ちて、膝は低く柔らかくなるでしょう。自由に動く股関節は実際、駈歩で正しく座るための鍵です。

　常歩では、内方の坐骨は1歩ごとに、前に滑らせてやら

ねばなりません。それによって太ももや膝も坐骨と一緒に前に送られ、膝が柔らかくわずかに曲がります。膝で鞍を締め付けるとスライドを妨げ、馬を反抗させ、言い換えれば駈歩での丸まりを少なくさせてしまいます。

早く下へのスイングを始めようとしすぎて、滞空期が短くなりすぎるという好ましくない傾向がよくあります。その結果、滞空期そして歩幅も短くなり、馬がリズムを失い、最後には4拍子へと崩れる原因となってしまいます（4拍子の駈歩とは、同時に着くはずの対角の前肢と後肢がバラバラに着くことで起こります。この歩様では、ほんの少しの滞空時間しかなく、正しい歩調ではありません）。正しい駈歩に華麗さ、調子、適度な滞空期を持たせるには、根気強く股関節を開いておく必要があります。馬に空中を移動する時間を与えて下さい。駈歩では、馬はあなたのために動きます。あなたの主な仕事は、馬にそうさせることです。

駈歩の時間を非常に短く保つことが助けになります。最

⑪⑮ 頭上に片腕を伸ばして駈歩してみましょう

　初は、5～10歩だけ駈歩して、速歩へ移行します。たびたび速歩に移行することには、2つ理由があります。1つ目は、これ以上駈歩をすると体が硬くなってしまう傾向があるからです。2つ目は、速歩への移行は、駈歩で望まれる深い騎座を作るからです。動きやしなやかさを簡単に維持することができるようになった時に、もっと長い時間駈歩ができるようになります。自分自身が動きに反抗しているのに気付いたら、どんな理由であれ1回止めて、また始めて下さい。

　速歩でやったように、片手を頭上に伸ばして、駈歩をやってみて下さい(図115)。下半身を低く落として、馬にあなたの動きをコントロールさせて下さい。ソフトアイで、心の中のビデオテープに自分の体の動きを視角化させて下さい。正しく駈歩を行っていれば、肩は広くまっすぐで、頭はバランスがとれ、目はまっすぐ前を見ています。踵が耳の下に来るくらい後ろに来て、耳が踵の上に来るくらい後ろに来ているのを感じます。上半身のいくらかの部分は、上腕より前に来るでしょう。

　駈歩では半停止が容易なことがわかるでしょう。ただセンタリングして、脚から拳への扶助をいくらか使って、伸びて下さい。駈歩の3拍子目の時に、もし必要なら1～2回、これを行います。そうすれば、馬は滞空期にバランス

をとり直すために、あなたの下に来るでしょう。

　駈歩で、本当に馬と一緒にいることができるようになると、馬が楽しんでいるのに気付くでしょう。馬は長時間の駈歩も心地良くいられるでしょう。何故なら、あなたはもう、馬の背の上で跳ね上がったり、馬に反抗を起こさせるような動きをしなくなったからです。駈歩では、エネルギーは繰り返し、後方と下方から来て、あなたの体の中をとても力強く上り、外へ滑るように出ていくことを思い出して下さい。前へ、外へ、下へ、それは大きな環です。常歩や速歩の時と同様に、素晴らしい駈歩をするためには、お尻を通じて上へのぼる3拍子の波動を受け止め、感じることがとても重要です。お尻を硬くして、この感覚をなくしてしまうと、そのような駈歩を抑えつけてしまうことになります。

The Essentials & The Results

駈歩の基本は？

- 4つの基本を使います。
- リズムを聞いて下さい。ワン・ツー・スリー・滞空期。
- 3拍子目で体を下に伸ばして、また馬が体を持ち上げるのを、滞空期の間待ちます。
- 馬の上で背を高く、そして深く柔らかく感じながら、下半身をスイングさせます。
- 太ももを落として、膝を低く保ち、足を軽く鐙に乗せます。
- 股関節を自由に開いたり閉じます。
- 内方の坐骨、太もも、膝を自由に滑らせます。
- 随伴する、受容力のある騎座。

駈歩の成果は？

- バウンドしなくなります。
- 馬の背中が丸くなるのを妨げません。
- 滞空時間が長くなり、駈歩の質が改善します。
- 後肢が馬体の下に来るので、半停止でバランスをとり直すのが簡単になります。

15 エネルギーの力

Forces of Energy

　ここまで、馬に長く低く流れるような形になるように要求してきました。ほんの少しだけ余分にエネルギーを使うように求め、リラックスした自由な歩調で、全身を使うように促してきました。馬はやさしくハミを受け止めて、頭を低く突き出しました。

　ライダーとしては、関節の自由な動き、筋肉の弾力性、コントロールされたセンター（体の中心）、そしてホースパーソンとしての総合的な自覚を自分に要求してきました。ここで、ホースパーソンとして、これまで作ってきた流れとリズムに、特別なエネルギーを結合させることを学びましょう。

　センタリングの概念は、東洋では2000年以上前から良く知られてきました。中国の技である太極拳は、中国の歴史が刻まれる前にもう作られていました。それは柔術、空手、合気道など東洋の武術すべての先駆者になりました。太極拳は東洋の知恵や武道の姿勢を基礎とする動きの連続です。ダンスでもあり、意識の修行でもあり、その他多くのものでもあります。アル・チャン-リィアン・ファンは『虎を抱いて山に戻る(Embrace Tiger, Return to Mountain)』という本の中で、「太極拳は、東洋の知恵や東洋的な何かを意味するものではありません。それはあなた自身の感覚の知恵であり、あなたの体と心はひとつの過程として一緒になります」と言っています。

　太極拳の練習をすると、自分の体、自分自身、そしてまわりの世界と自分の結び付きについての意識が増します。自分の中心から来るエネルギーの偉大な深さや流れを感じるでしょう。中国ではセンターのことを丹田と呼びます（図116）。

　エネルギーを学ぶには、たくさん理論があります。ニュートンは、すべての運動には反作用があると説きました。

　重力はすべてのものを地球の中心に引きつけようとします。しかし、地球そのものは中身の詰まった硬いものなの

で、重力が体を引っ張る時、硬い地面は抵抗します。この抵抗はつまり反発力であり、上方への力で、重力が下へ引く力と同じ大きさの反対に向かう力です。同じような作用反作用の力が、生き物の体の中でも、筋肉対筋肉、上へ下へと、体の部分部分をまっすぐバランス良く保つために起こります。

　ライダーとしての私達の問題は、地面からの跳ね返りを利用するように体をまかせないで、上への動きをすべて自分で作ろうとしがちであるということです。あなたは徐々にこの上へのエネルギーを感じるようになってきているでしょう。そのエネルギーを貯めておくことはできません。もし貯めておこうとすると、そのエネルギーを失ってしまうでしょう。しかしそれは活発に受け止めるためにいつもあるのですから、自発的に使い、頼ってみましょう。馬に乗っている時にセンタリングして、このエネルギーの存在を感じましょう。

　馬はエネルギーを地面から受け取り、蹄、センター、そして背を通してあなたに伝えます。もしあなたが自分のセンターを活発に、バランス良く制御していれば、地面から来てあなたの中を通る、上へそして外への両方の波動を感じることができるでしょう。正確な扶助を使ってこのエネルギーに共鳴する時、努力せずに力と動きを使える可能性がとても大きくなります。

116　エネルギーについての太極拳の概念のひとつ：体の中心を軸とした円

このエネルギーはあなたのセンターを通って、絶え間なく再生する輪に流れ込みます。その輪は、小さくもなり、中くらいにもなり、大きくもなり、そして地球や宇宙が入ってしまうくらい巨大にもなることができます。またどんな形にもなり得ますが、依然としてあなたのセンターを通り、あなたの中に戻ってきます。エネルギーの循環に関する概念は、乗馬に見事に応用することができます。私達は自分の中に深くエネルギーを作り、馬に伝えることができます。馬もまた、エネルギーを作りあなたに伝えます。動きのリズムと深さ、そして馬とライダーの間のバランスは、より簡単に、自然に、流れるようになっていきます。

馬がバランス良く動いている時に、蹄が地面に触れる音はほとんど聞こえません。バランスが悪く前駆に重くかかっている馬は、特に硬直した、経験の浅いライダーが乗ると、ドシシ、ゴツンと地面におります。遠くからでも聞こえるほどです（図117 a と b）。以前とても緊張したライダーと、彼のずんぐりしたアパルーサのレッスンをしたのですが、その曲がった大きな肢はあまりにも強く地面に当たり、馬の蹄か地面が割れてしまうかと思うほどでした。馬が障害を飛ぶ時は、すごい衝撃に本当に怖くなりました。馬の骨がどうやって耐えているのかわかりませんでした。彼らを３日間指導し、センタード・ライディング、静かに乗ること、エネルギーの流れについて説明しました。３日目には、常歩、速歩、駈歩だけではなく、小さな障害を飛ぶ時にも、そのずんぐりした馬の蹄は軽くなりました。馬はもう粉砕するような勢いではなく、しなやかに軽く着地しました。見ていて、とてもやり甲斐いがあったものです。

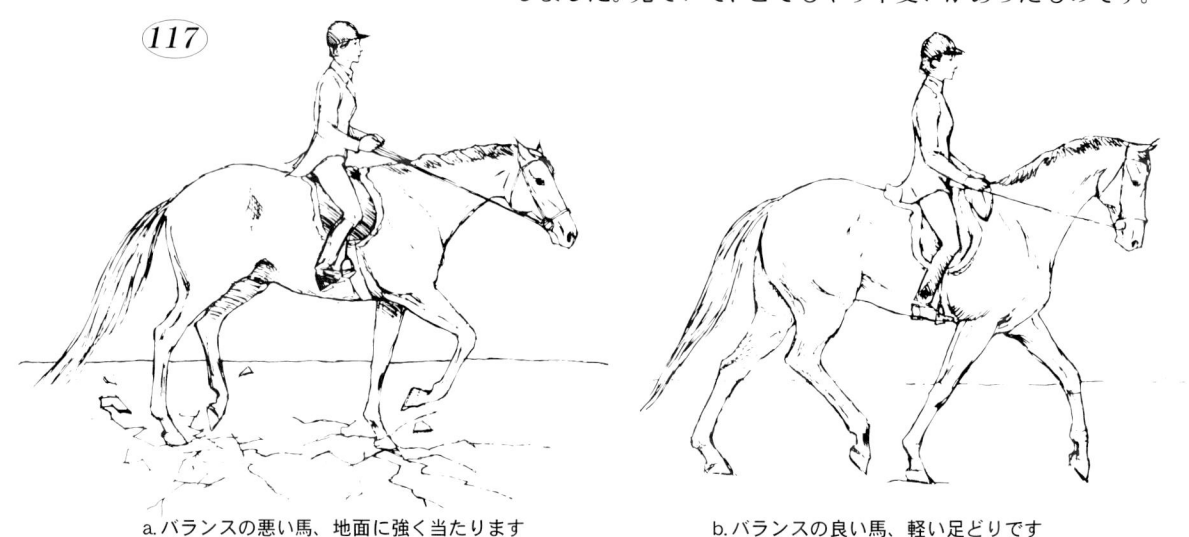

117

a. バランスの悪い馬、地面に強く当たります

b. バランスの良い馬、軽い足どりです

特別なエネルギー『気』

東洋には『気』という概念があります。それは筋肉だけの力よりも大きな力を出させるという自覚から起こる、特別なエネルギーです。『気』によってできる力を筋肉だけで作るのは、特別な努力を必要とする骨の折れる大変なことになるでしょう。それは筋肉だけの力以上のことをあなたにさせてしまう、自覚から引き出される特別なエネルギーです。『気』はあなたと馬が最小限の力で動いている時に活発になります。その結果、動きは軽快に、生き生きと、正確に、美しくなります。武術のエネルギーとパワーは、あなたのセンターから作られます。『気』もしかりです。

『気』は様々な方法で使うことができます。それは私に限りない可能性を与えてくれました。私の生徒の1人であるマリリンは、反抗心の固まりのような牝馬に乗っていました。その牝馬は神経質なサラブレッドで、もともとは競馬に使われていて、その後誤った扱いを受けてきていました。その馬は、ライダーが次に何をするかといつもおびえており、下方移行ではいつも恐がりました。背中にバンと当たられる、口を引っ張られる、といつも思っていたのです。そのためどんなに普通の扶助をしても、彼女がとる最初の反応は、頭を上げ、スピードを上げて、背中をへこませることでした。この牝馬に乗るといらいらする長い戦いとなりました。そこで、マリリンと私は『気』を使うことを決心しました。

私達は、常歩から停止への移行の時、マリリンが耳から踵まで柔軟になり、呼吸して、総合してバランスがとれていると、センターから彼女のバランスのとれた体を通り、馬体を通って、重い鎖を地面にたらしているのをイメージできることに気付きました（図118）。初めのうち、牝馬は停止するのに7、8歩必要でしたが、そのあいだ反抗はみられませんでした。そして完全に止まり、静かに立ちました。すぐに下方移行をもっと速くできるようになりました。本当に初めて、マリリンは馬からの反抗なしにうまくやり遂げました。私達は夢中になり、興奮しました。

次の日、マリリンは同じテクニックを使って、1人で牝馬に乗りました。後日私が戻ると、私達はトレーニングを続けました。そして1時間後、マリリンは常歩から速歩、常歩から停止、速歩から常歩の移行ができたのです。牝馬の頭は静かに下がったまま、背中は柔らかく、運歩は緊張な

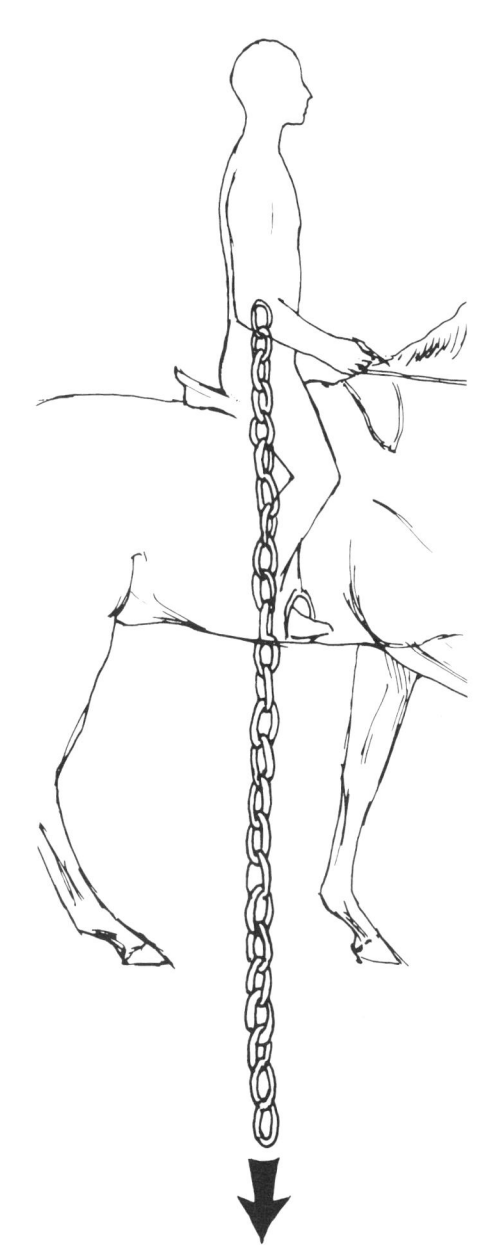

118 『気』を馬を止めるために使って下さい。重い鎖が、自分のセンターから馬を通って、馬をつなぎ止めるくさびとなるように深く地面に下がっていると想像して下さい

くスイングしました。ゆっくりの速歩から少し速い速歩へも、いつものようなきちがいじみた突進をせずにできました。注意深い『気』の使い方で、だんだん速くなる速歩は抑制され、徐々にゆっくりの速歩が回復しました。牝馬の目が静かで、耳はリラックスして幸せそうなのを初めて見ました。その顔は見ていてとても素晴らしいものでした。

しかしマリリンが少しでもバランスを崩すと、少しでも前に鐙を押したり、お尻や股関節を硬くしたり、興奮して頭を前に突き出したり、歯を食いしばったり、とんでもないことに呼吸を止めたりすると、動きは阻止され、牝馬はマリリンの意図に全く反応することができませんでした。

ほかにもこの方法を使う機会がありました。アンはセカンドレベルの馬場馬術をとても上手くできる牝馬を持っていました。その牝馬は、急にかっとなる深刻な問題がありました。どんな時でもこれが起こると、馬場の端から中央に跳ねて行き、またコントロールをとり戻すのに、4分の1は馬場をまわらなければなりませんでした。アンは、このような爆発をコントロールするために、知っていることすべてをやったと言いました。私達は『気』について話し合い、それを使うことを決心しました。それはいつになく暖かい2月の真昼で、馬場の屋根を覆っている雪が時々滑り落ちるため、馬の機嫌を損ねる機会はたくさんありました。雪が滑るたびに、アンは気を使って、彼女と馬の体を通って地面に伸びる重い鎖を想像しました。何分か過ぎて、爆発は少なくなっていきました。その長いレッスンの中ほどでは、牝馬は馬場の中央に向かうところだけで跳ねるようになりました。そしてその時間の最後では、アンは進行方向を維持し、バランス良い背中で、正しく演技できるようになりました。以前かかっていたおよそ半分の時間でここまでできたのです。私達は1回のレッスンでは矯正を終わることはできませんでしたが、これが牝馬の爆発の制御に成功した初めての方法だったので、アンはとても興奮していました。

15. エネルギーの力

　『気』は下方移行に劇的な効果がありますが、それだけに限ることはありません。あなたと馬を、飛べなかった高さの障害を飛べるようにしたり、外乗で馬が驚きそうなものを通り過ぎる時に呼吸法と併用して使うことができます。歩度を伸ばしたり、不安定な進路をまっすぐ下りたりする助けになります。また収縮した歩様で必要とされる前駆の高揚のため、馬のエネルギーとバランスを作る助けになります。それは、あなたが心、目、センターにその鮮明な画像を持っていれば、そしてもちろん、体を総合的に正しくバランスをとっていれば、使うことができるのです。

　センターに集まる力の流れと、エネルギーの効用を引き出すには、自分自身の体と馬体についての内面の自覚を含む、意義のある自覚を発展させなければなりません。心や体に緊張があると、その自覚を阻んでしまうでしょう。呼吸を止めると、エネルギーの流れを止めてしまいます。息を取り戻そうと吸い込むことでさえ、流れを阻みます。呼吸法とソフトアイと共に、あなたのセンター・コントロールにいったんまかせてしまえば、この自覚は発展するでしょう。以前難しいと思った動きが、無限に簡単に自然になることに気付くでしょう。

　これで、センタード・ライディングの基本的な訓練を受け、もっと洗練されたレベルに進む基礎ができました。つまり、あなたと馬の間に、エネルギーの流れの中心が加えられたのです。この組み合わせは荒い力ではなく、滑らかな力を生み出すでしょう。

　馬の中にエネルギーを作ることから始めましょう。そうするには、自分のセンターと馬のセンターの関係について、もう一度考えなければなりません。馬の中に動きを作る時、あなたの動きと協調する２つのセンターに集中して下さい。この２つの重大な関係について自覚できれば、あなたはすぐに、ただの「馬に乗った人間」ではなく、「ホースパーソン」となることができるでしょう。

CENTERED RIDING

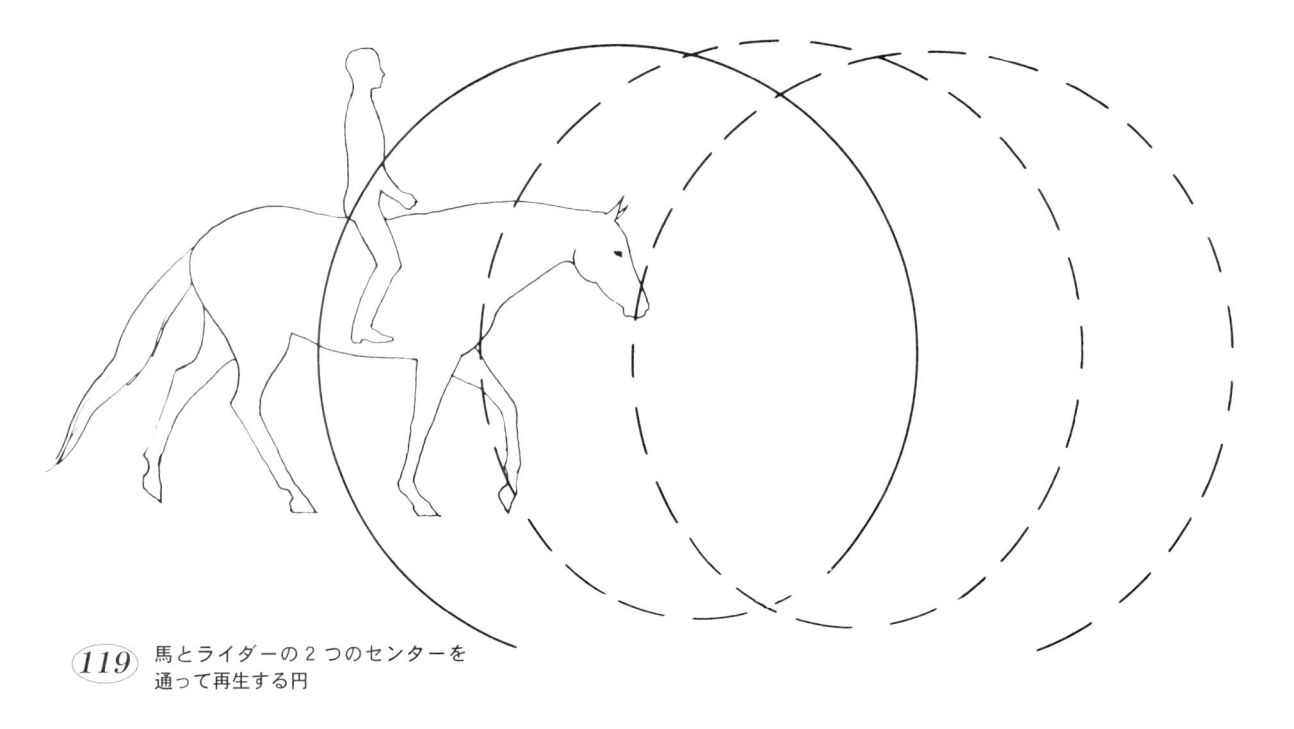

119　馬とライダーの 2 つのセンターを通って再生する円

エネルギーの輪

　前に、循環するエネルギーの流れの概念について話しました。ここでは、馬とライダー両者のセンターを通って循環使用されるエネルギーの輪を視角化しましょう(図119)。それは馬の背と後肢を刺激して、もっと活発に前方へ馬体を運びます。1歩ごとにエネルギーが体を通って上がってくると、それを解放し、腕を通してハミの方に下げることができます。バランスを改善して、馬の中の力を増加させるために、拳で前方へのエネルギーをたくさんつかんで、軽くゆらして下さい。いくらかのエネルギーは外に出ますが、残りをそっとゆすって下さい－ちょうどしっかり抱えていなければならいけれど、傷つけたり、締め付けたりできない、活発でちょこちょこ歩く赤ちゃんを抱くように。エネルギーはしばしばき甲で止まり、ハミまで届かなくなります。このようなことが起こらないようにして下さい。エネルギーは完全に馬を通り抜けなければなりません。そしてまた入ってきて外に出ていきます。馬の中にパワーを作る時には、いつもこのエネルギーをいくらか持ち続けて下さい。センタリングして、バランスをとり、正しく呼吸を行い、エネルギーが通るように自分を維持しなければなりません。

138

15. エネルギーの力

　馬は、油がよくさされた、すべての連結とピストンが十分に作動し力強く動く、振動するスチーム・エンジンになります。馬の後肢がピストンです（図120）。後肢は繰り返し前に進んだり後ろに押し戻されたりして、馬のスイングする背を通って出ていく上方へのエネルギーの流れを作ります。前肢は滑らかに動く肩から自由にスイングします。蒸気の先頭は、あなたのセンターとエンジンのスロットル（節気弁）－拳からハミ－で軽く敏感にコントロールされますので、スチーム・エンジンはすべての蒸気を前から逃すことなく、その中で蒸気を作り上げます。このエネルギーが作られると、馬は丸くなり、前躯は高揚し、より華麗になります。ピストンである後肢－膝、飛節、球節－は、より高く、丸い動きをします。あなたは馬の中に推進力を作り、馬はハミを受けてきます。馬のき甲前部の頸はリラックスし、頸下側の緊張はなくなりました。頸のカーブは項からき甲まで同じでなければならず、き甲の前が平らであってはいけません。き甲は馬体で一番高い場所となり、柔らかくなるでしょう。頭は垂直近くになり、垂直より後ろにはなりません。馬は前躯に軽く、ハミに快いでしょう。

120　馬はよく油がさされた、連結とピストンすべてが十分に作動し、力強く動き、振動するスチーム・エンジンになります

馬の後肢から馬体を通って上がり、あなたの騎座と拳を通ってハミに下がる、馬の内部のエネルギーのカーブを作ってきました。あなたが同じペースを十分保っておかないと、このエネルギーは馬のスピードをどんどん上げるでしょう。拳でエネルギーをつかまえたりゆらしたりして、あなたが要求する前への動きを維持するのに十分なだけエネルギーを通し、使わないエネルギーを水蒸気（エネルギー）の源泉に戻すために跳ね返すと、それができるようになります。これを抑制されたエネルギーと考えて下さい。このエネルギーは前後にはずむコイルのついた曲げやすいバネで、人気のあるスリンキー・トイにたとえることができます（図121）。片方の端を押すたびに、バネはさざ波のように反対側に流れ、また反対に押されて流し返されます。2つの端の間で、絶え間なく動きと跳ね返りが起こっています。これがあなたの拳と脚の間で起こる、馬の内部の動きです。

跳ね返るエネルギーの概念は、円運動で対角の扶助を使うために重要です。このエネルギーは、壁に斜めに当たったテニスボールに似ています（図122）。それは当たったのと同じ角度で跳ね返るでしょう。同じように、あなたの内方の脚で作られたエネルギーは、外方手綱で跳ね返ります。

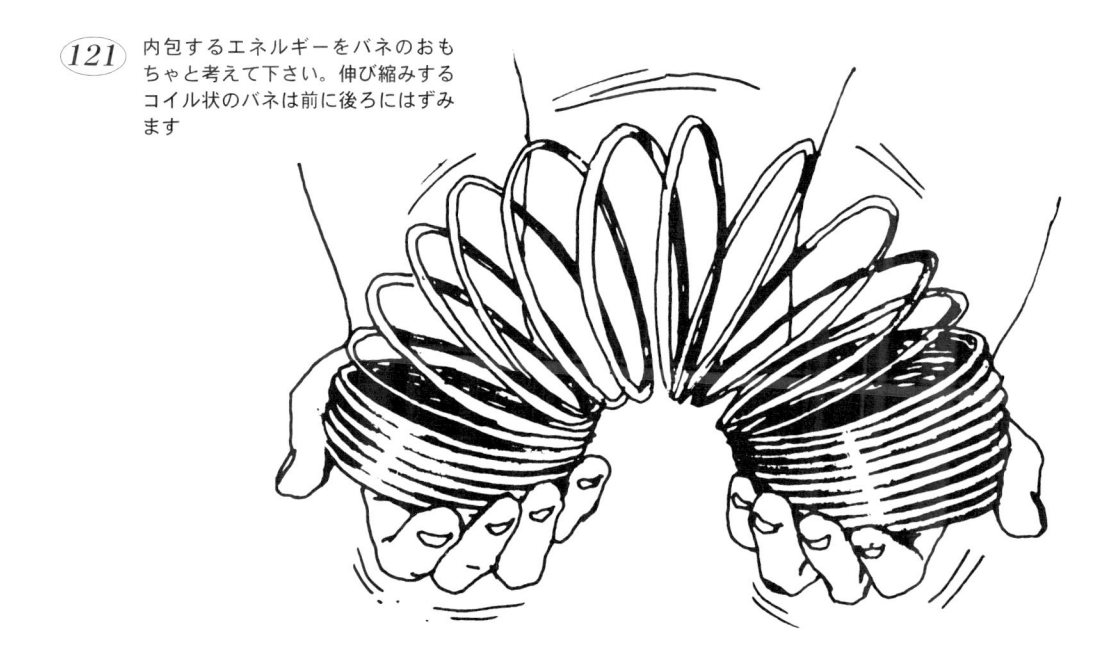

121 内包するエネルギーをバネのおもちゃと考えて下さい。伸び縮みするコイル状のバネは前に後ろにはずみます

15. エネルギーの力

　もし馬が正しくハミを受けていれば、後ろからのすべての扶助は、後肢のつなぎからハミに至る前へのカーブに流れ込み、前からのすべての扶助は、ハミから後肢のつなぎへ流れるでしょう。エネルギーのほとんどは、馬の内部に残り、絶え間ない、コントロールされた、弾力ある前への動きのためにいつも準備されています。停止と後退においても、エネルギーは前に向かわなければなりません。

　この脚と拳の対置する力のバランスを正確に達成しようとすると、本当にバランスのとれた騎座で乗り、4つの基本をしっかり確立させることが基本となります。ブロック積みは、特に個々の扶助を完全に独立させるために、非常に精密でなければなりません。

　私達が話している対置する力は、どれくらい強力でしょうか？馬場馬術のインストラクターのパム・グッドリッチは、これを実演するために以下のような方法を用います。拳について話し始めると、ハミの近くで生徒の手綱を軽く引っ張り、生徒に手綱の反対端で、彼女の手と同じコンタクトを維持するように言います。そして話しながら、とてもゆっくり手の力を増していきます。あまりゆっくりなので、パムの力に合わせるために、力を加えていることに生徒は気付きません。話の終わりに、生徒は彼らのあいだに、とても大きな引く力があることに気付きます。パムはそこで、同じことが起こるようにすれば、馬は感覚がなくなり、同じように拳に重くかかるだろうと説明します。

　この抵抗に対応するために、また拳に重くかかるようにしてしまった馬のバランスをとり直すためには、非常に強い脚の動きか、19章で説明されているジムナスティックのエクササイズが必要です。あなたのあやすような拳を用いて、拳の中に保持しているエネルギーをつかんだりつかみ直したりして、再利用するために馬体や自分の脚に送り返したり、一巡ごとに手綱を軽くしてほめてやる方がどんなに良いでしょう。

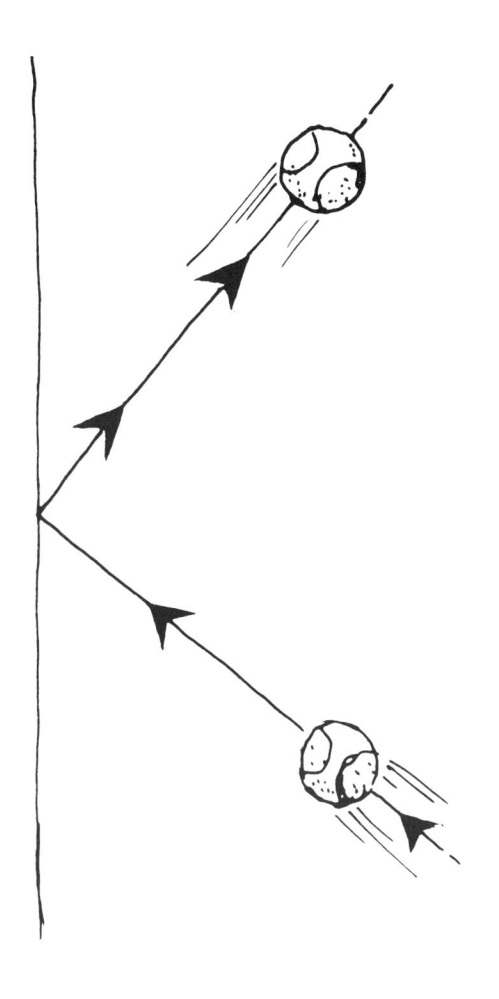

⑫ 馬の内方後肢と自分の内方脚からのエネルギーが、テニスボールが壁に当たった時のように外方手綱で跳ね返るのをイメージして下さい

ライダーと馬の会話は、絶対に鈍くなってはいけないことを忘れないで下さい。「要求する、受ける、ゆずる、要求する、受ける、ゆずる」でなければなりません。体と脚で要求し、体から拳へ通じて受けて下さい。まず拳でゆずり、体や脚でもまたゆずって下さい。そうすれば、もう一度完全に要求し、受け、ゆずることができます。ゆずるということは、お礼です。もしゆずらなければ、次にもっと強く要求しなければならなくなり、強く要求したとしても、ついには馬は無感覚か反抗的になるという結果になります。スウェーデン馬場馬術チームのコーチでスウェーデン国立インストラクター養成学校のリーダーであるハンス・ウインク少佐が「馬に求めようとするすべてのことに対して、少し多く返してあげなければなりません。ゆずることはもらうことよりも重要です」と言っているのを何回も聞いたことがあります。乗馬は、脚と拳の間で、押したり引いたりするだけのものではありません。

The Essentials & The Results

エネルギーの力を使う基本は？

- ４つの基本、特にソフトアイとセンタリングを使い、内面の自覚を達成します。
- センター（体の中心）のエネルギーを使います。
- 馬のセンターからのエネルギーの流れと、自分のセンターとの相互作用を自覚します。
- 馬はスチーム・エンジンであり、拳をスロットルに置いていると考えて下さい。

エネルギーの力を使う成果は？

- 馬の浮力と推進力が増します。
- 馬の動きはより簡単になります。
- 柔軟さと前への動きが増します。
- ホースパーソンとしての明敏さと正確さが進歩します。

歩幅を伸ばす

Lengthening Stride

　常歩の際に、馬を弾力的にしながら、どのように馬に歩幅を伸ばしたりつめたりするよう要求したか、思い出して下さい。この歩幅を伸ばしたりつめたりするエクササイズを、速歩や駈歩に使いましょう。馬の中にエネルギーを作り上げると、馬はもっと後肢を引きつけて、重心を少し後ろにずらし、馬体全体の外形を縮めるでしょう。その結果、馬の前躯は軽くなり、伸長して後肢からの推進が伝わってくる時に、肩はもっと歩幅を長くできるくらい自由になります。馬の外形は実際に、歩幅を伸ばした時に少し伸び、下への移行でまた縮まります。わずかな頸の伸縮と共に、その変化のほとんどは馬の胴で起こります。

　どの歩様でも、歩幅を伸ばす際に、テンポが変わらないことがとても大切です。蹄が地面を叩く音は速くなりません。蹄が地面を叩く合間に、空中でもっと長い距離を移動しなければならないということなのです。この伸びはより多くの筋肉とバランス、つまり特別なエネルギーを必要とします。

　歩幅の伸長に必要なエネルギーは初め、馬のバランスをとり直すために、停止を含む、すべての歩様内あるいは歩様間での上や下への移行や、半停止を頻繁に行うことを通じて生み出されます。10m、20mの輪乗り、蛇乗り、横運動（もし馬とあなたが慣れているなら）を多く取り入れて下さい。短時間の駈歩もまた、エネルギーを作るのに良いでしょう。これらの運動はすべて、十分馬を収縮させます。プログラムに変化をもたせ続けて下さい。あなたは馬にエネルギーだけではなく、興味を常に持っていて欲しいはずです。

　必要なエネルギーを生み出すために、スチーム・エンジンのイメージを使うこともできます（図120参照）。速さとリズムを一定に維持して、馬の後躯にある計量器に蒸気を作ります。後躯のボイラーを燃やす時、小さな下方移行や半停止で、スロットルをコントロールします。

CENTERED RIDING

123　自分のセンターが、両拳の間を通って飛んでいくのを感じて下さい

　実際に伸長を達成するには、初めに軽速歩で、その後速歩で、自分の体の重心を落としながら、腹帯の近くでやさしく脚を閉じて、体の前面を開かなければなりません。センター（体の中心）が両拳の間から飛び出そうとしている、あるいはベルトのバックルがソフトアイで見ている前方に引っ張られていると感じて下さい（図123）。馬は、あなたの体が自由でバランスがとれていることを求めています。上半身をしっかりまっすぐに保ち、前や後ろに傾けないことがその手助けとなります。ただ前方を考え、感じて下さい。

16. 歩幅を伸ばす

124 伸長速歩。エネルギーは後ろから来ます

　馬が、前に進むことができるとわかるように、しかしバランスが変わってしまわない程度に、拳は柔らかくなければなりません。馬の重心は、歩幅を伸長している間、馬体の後方になければなりません。初めの2、3歩までは、馬に頸を伸ばさせてはいけません。それからほんの少し許します。馬は軽い、しかし積極的な両拳からのコンタクトを常に必要としています。そうすれば、前からエネルギーを失うことはないわけです。もし馬からエネルギーを失ってしまうと、馬は前のめりに倒れ込んでしまうでしょう。長い歩幅を作るためには、エネルギーは後駆になければなりません（図124）。

準備運動が終わった時に、あなたの乗っている馬が活発で前駆が軽いなら、半停止を数回ほど行って、センタリングを行いバランスをとり直して下さい。それから軽速歩でほんの数歩伸ばすよう要求して下さい。最初はほんの2〜3歩、歩幅を伸ばすだけです。歩幅は短く、しかし力強いまま、下方移行を要求して下さい。馬が伸長した歩幅を馬場の端から端まで維持するには、しっかりとしたバランスと強さが必要ですし、あなたは馬の動きについていくのにもっと練習が必要でしょう。ですから馬とあなたが完全にバランスが保てると思えるまで歩数を制限しましょう。

　伸長では、馬は1歩ごとに浮揚性とエネルギーを失いがちです。その結果、馬はリズムを失い、下方移行では前肢に重くかかります。その後の通常の速歩は、バランス悪く見苦しくなってしまいます。良い3歩の伸長速歩の方が、だんだん勢いのなくなってしまう10歩の伸長速歩よりも価値があります。伸長が悪化する前に、通常の速歩に移行して下さい。

　よくある問題は、馬が歩幅を伸ばすというより、速くなってしまうことです。馬はリズムを維持する代わりに、頻繁に肢を地面に下ろします。馬に弾力がありません。この問題は、エネルギーの組立不足から起こります。馬は、頭部から蒸気を発生させたり、後駆にあるバネを巻いたりしていなかったのです。時にはライダーも、後ろに乗りすぎたり、緊張したり、リズムを崩したり、手綱を許しすぎたりして、馬の自由な動きを阻止してしまいます。

エネルギーの輪の応用

　これは15章で説明したエネルギーの輪を応用する良い機会です。地面から来るエネルギーの跳ね返りを使って、歩幅の伸長に入ります。下から突き上げる力があなたと馬を通って、それがソフトアイで見ている前方に向かって、1歩1歩出ていくかのように感じさせます。

　地下水路を通って噴出する水の壁が、あなたと馬の背を圧迫しているのを感じていると想像して下さい。あなたが背中を持たせかけているところに吹き込む、暖かく力強い風を思い描いて、その風にあなたと馬を前上方へ持ち上げさせて下さい。あなたはほとんど地面に触れることなく、苦労せずに飛ぶでしょう。

　呼吸はいつも大切です。私の生徒は、初めての試みで、注意深い準備の後に、驚くほど良い伸長ができたことがあり

16. 歩幅を伸ばす

⑫125　「ああいやだ！ちっとも楽しくない、もう二度と歩幅を伸ばすものか！」と馬は言っています

ます。彼らはその感覚と簡単さに驚きました。彼らの興奮はあまりにも大きく、次に挑戦する時に、それを予想する左脳の緊張でいっぱいになってしまいました。そしてがっかりしたことには、伸長の動きは、かなり劣ってしまいました。あなたにもこんなことがあったとしても、がっかりしないで下さい。それについて、考える時間をとって下さい。興奮して息を止めませんでしたか？重心を高くしませんでしたか？横隔膜やお尻を硬くしませんでしたか？これらの質問すべてに対する答はたぶん「そうしました」でしょう。

　次の時は、来るままにまかせましょう。前にやったように馬に準備させて、歩幅を伸ばしている間、自分自身を自覚して楽しめるように解放しましょう。心の中のビデオを再生して、同時に扶助を使えるようにしましょう。自分のエネルギーと動きを馬と共に前に進めましょう。馬に伸長を要求する時に、自分のセンターが後ろに取り残されることがかなり頻繁にあります。すると馬は私達の拳と体の抵抗に会い、こう言います。「ああいやだ！ちっとも楽しくない、もう二度と歩幅を伸ばすものか！」（図125）。あなたは作り出すものでなければなりません。馬と共に、前に進むエネルギーを放出するものでなければなりません。しかし馬はあなたに無理強いされてではなく、自分のリズムで動

き出さねばならないことを忘れないで下さい。

　頑丈で、能力があり、長い背を持った総合馬術の馬とそのオーナーの少女を見ていたことがありました。その馬は3歩ほど伸長した後、いつも前躯に重心を移して、もたれてきました。良い伸長のための準備はすべて行われていましたが、私が彼女に1歩ごとに息を吐き出すように言うまでは、効果がありませんでした。結果は目覚ましいものでした。彼女は馬場の端まで来ると通常の速歩に落とし、目を大きく輝かせました。馬が長い歩幅をずっと続けられると感じたのです。

　歩数をたくさん要求する前に、質を良くすることを心掛けて下さい。馬の筋肉やバランスが十分に発達する前に、あまりにも早くから多くのことを要求すると、馬は逃げるようになってきます。間違った、一定でない、急いだ歩調、または前肢への加重などの問題が起きます。馬にこういった逃げる行為を認めてしまうと、また後に純粋な歩幅の伸長、見て美しく、乗って素晴らしい伸長した運歩をすることが、いっそう難しくなるでしょう。

　下方移行は伸長への準備と同じくらい重要です。1、2回の半停止で移行の準備をさせなければなりません。移行はそこで騎座、体、脚を通じて起こるでしょう。拳を引いてはいけません。馬は開かれた騎座を通じて、歩幅を変える時にバランスをとれる場所である、拳の中に踊り上がってくるでしょう。下方移行だからといって、馬にエネルギーを失わせてはいけません。馬は浮揚した、より短い歩度で動いていかなければなりません。

　今までは軽速歩で行ってきました。伸長速歩を正反動で乗るのは、もっと難しいかもしれません。何故なら、大きくなる動きや突き上がる力が、あなたを鞍から放り出してしまうからです。自分のセンターから上下へ伸びること、騎座の広がりを重要視することはとても大切です。股関節を自由にして、短い脚（図60参照）は鞍の両側に下がって、ついて行かなければなりません。馬の伸長したストライドを小さくしないために、馬の背から来る反動に対する、お尻の受容性も維持しなければなりません。頭上に片腕を上げることは、正しい感覚を学ぶ助けになるでしょう（図62参照）。

　駈歩での伸長のコンセプトや要求は、速歩と同じです。特別なエネルギーを作り、馬がテンポを変えずに歩幅を伸

ばせるようにして下さい。きちがいじみた襲歩ではなく、馬体の下に後肢をよく引きつけた、伸ばしたストライドになります。バランスのとれたブロック積みを維持して、馬を前のめりにさせないで下さい。襲歩の姿勢のように、前に傾かないで下さい。通常の駈歩への下方移行では、馬に騎座をいっぱいにさせて、馬のエネルギーを持続して下さい。

The Essentials & The Results

歩幅を伸ばすことの基本は？

- 半停止、上方移行、下方移行をしてエネルギーを作り上げます。
- ４つの基本を使います。
- 歩幅を伸ばす前に半停止で馬にバランスをとり直させます。下方移行する前にもう一度行います。
- 騎座を深く広くして下さい。
- 馬の背から突き上がる力を受け止めて下さい。
- 馬と共に前に進みます。後ろにとり残されないで下さい。
- 拳に柔らかくサポートさせ続けて下さい。
- １歩ごとにリズミカルに息を吐きます。

歩幅を伸ばすことの成果は？

- 馬の歩幅は後ろからの力強い推進力によって、テンポが速くなることなく長くなります。
- 馬の足どりは軽くなります。
- 馬はより弾力的になります。
- 馬はより大きく後肢を引きつけることができるようになり、それによってバランスも改善します。

17 Lateral Work

横運動

　横運動では、馬はライダーの扶助に応じて、横と前に同時に動きます。これは馬にバランスと柔軟さ、協調性、後肢をより大きく使うことを教えます。正しい横運動をするためには、馬が向かう方向に沿って、自分の乗っている馬の体全体の正確な姿勢を自覚することが必要です。乗馬では、項（うなじ）から尾までの馬体全体が進行方向に沿っていると、馬はまっすぐな状態であるということです。輪乗りでは、例えば、輪線と同じ曲線に馬体が曲がっていれば馬はまっすぐであるといえます。そのような真直性は、すべての横運動で必要です。

　ソフトアイを使って、馬がまっすぐであるかどうか感じる能力を伸ばすことができるでしょう。私は横運動を始める前に、ライダーにこの感覚をはっきり持たせるのを好みます。この能力をテストする簡単な方法は、直線上で完全にまっすぐになるのを目指して停止することです。馬場の中央線上で停止への移行の時に、何回馬の後肢が停止の前に横に滑るのを感じましたか？または、停止への移行の間、馬をまっすぐに保つことに成功したとして、馬は停止の後に前肢か後肢で、横に逃げるように1歩踏み出しませんでしたか？あなたが、体やセンターを移動させずに、横に1歩踏み出せるのに対して、馬は、同時にバランスを移動させないと、横に1歩踏み出せません。したがって、ソフトアイを使いながら、騎座を通じて、馬が1歩踏み出す前に馬体の中の体重移動を感じとり、つかまえるのがあなたの義務です。そこで必要とされる矯正の扶助で、馬の真直性をコントロールできます。

　2、3回放たれた矢のように、まっすぐに中央線を歩いて来て、完全な停止を行って下さい。馬がどんなにゆれ動くかわかりますか？それでは正しくはありません！自分自身の準備をするためにソフトアイ、呼吸法、センタリングを、そして半停止を馬のために十分行いましたか？やっていない？ではもう一度やってみましょう。たぶん今度の停止は

もっと良いでしょう。しかしどのようにしたらもっと完璧になるでしょうか？

脚がないとイメージする

あなたは、すでに活動的な主脚の反対方向へ骨盤が滑ってしまうという問題を自覚するようになっているでしょう。胴と騎座のバランスをとるため、もっと繊細な横のコントロールを紹介する時が来ました。短い脚しか持っていないと想像するのではなく、まったく脚がなくて、胴だけしかないと想像して下さい。その状態で、完璧なバランスを保たなければなりません。上半身を傾けると、骨盤を反対方向に押すことになり、馬から落ちてしまいます。

もう一度始めましょう。今度は本当に集中して、騎座を開いて鞍を覆うようにしながら、上半身のバランスをとりましょう。輪乗りと停止をしっかりとこの方法でできるようになったら、横運動で胴を平衡にバランス良く保つことができるでしょう。それでは、また脚を付け加えて下さい。でもそれは、骨盤に紐でつながっているだけです。不思議なことに、こうするとあなたの脚は、正確な扶助をするために完全な可動性を持ちますが、胴のバランスに影響を与えることはありません。この時点での脚の仕事に、あなたを馬の上に安定させておくことは含まれません。あなたは馬の背の上にバランス、柔軟性、重力を通じて乗っています。

馬は、あなたを中央にまたがらせた、長方形のテーブルだと考えて下さい（図126）。それは安定しないテーブルです。ぐらぐらしたテーブルの脚は逃げようするような造りです。あなたは自分の前にあるテーブルの脚を手で、後ろの脚を自分の脚でコントロールします。ですから4つの独立した扶助を持っていて、いつ、どの脚が、または2つ、3つ、4つとあるどの組み合わせを使う必要があるか、決してわかりません。1つの扶助を使うと、他の扶助を使ってしまうといった反応を引き起こしてしまうでしょう。これ

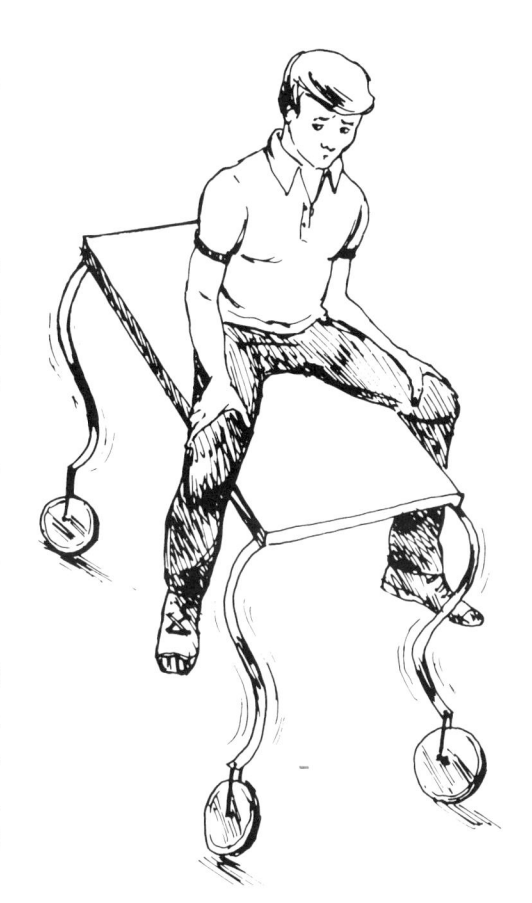

(126) 横運動の準備をする時、馬がぐらぐらした脚のついたテーブルだと思ってみて下さい

は、ソフトアイと共に騎座の感受性が基本であるということを示しています。

　下方移行が、馬体の横のあなたの2本の脚から来て、騎座を通って、2つの拳へと向かったことを思い出して、直線上での停止をもう一度やってみて下さい。心の中のビデオを再生して準備して下さい。4つの基本を使い続けて、ぐらぐらするテーブルを静かに停止させて下さい。これを、息を止めたり硬くなったりせずに、上半身のバランスをとったままできれば、直線上の停止が、難しくいらいらするものではなく、簡単で楽しいものだとわかるでしょう。

　あなたは、馬の後肢が左に動き始めるのを感じられるようになったことに気付くでしょう。左脚の圧迫を大きくしていくこと、おそらくもっとコントロールしようとかなり後ろに引くことによって、横への踏み出しを阻止することができます。馬が反抗を止めた時、少ない圧迫で、脚を休める位置に戻さなければなりません。さもないと馬は反対方向に回転してしまいます。脚の位置を変える時は、以前の短い脚を用いて、いつも股関節から動かさなければならないことを忘れないで下さい。馬の両脇にある両脚のコンタクトは、様々な強さ、位置になるにもかかわらず、続けなければなりません。正しいライディングと、これからあなたが始めようとしていることは、あなたと馬の継続的な親密な関係によるのです。騎座、2つの拳、2本の脚を使いましょう。

　騎座、拳、脚を巧みに独立して使えるようになり、常歩、速歩からのまっすぐな停止がいつでもできるようになった時、馬の体を感じ、コントロールする新しい局面全体を学んだことに気付くでしょう。さあ、横運動を始める準備ができました。

前肢旋回

　前肢旋回は、ライダーに馬の後肢を感じることを教え、馬に自分の後肢をライダーの脚に従って動かすことを教える、基本的な方法です。もしこれが正しく行われれば、馬の前肢は、後肢が大きい輪を描いている時、1点で小さな輪を描きます。後肢が左に動く時、右後肢は左後肢の前を交差しなければなりません。右に動く時は反対になります。馬の体、頸、頭はまっすぐのままでなければならず、ライダーの脚のまわりで曲がってはいけません。

　前肢旋回を始めるには、馬場の端を左手前で沿って歩いて、馬場の柵に平行なままで、蹄跡から90～120cmほど内側に移動します。これだけ柵からの距離があると、馬場の中央に向かって後肢を回転させる時、柵に馬の頭をぶつける心配がありません。では、停止して馬の後肢を左に動かす準備をして下さい。

　通常ライダーは、馬の後肢を左に動かすように言われると、本能的に、右脚と右拳を両方使おうとします。馬は両側に動くように言われて、そうします。そして前肢ではなく、馬自身の中心を軸にして回転します。左に後肢を動かすための唯一の扶助は、右脚によるものです。馬が初めに逃げようとして前に歩きます。拳ですぐに『ダメ！』と言わなければなりません。これができたらすぐに普通のコンタクトに戻さないと、次に後退して逃げようとするでしょう。このような時は、その都度に、馬に前方を意識させ、感じさせるために、2本の脚が必要となります。他の扶助をすべてリラックスさせて、右脚をもう一度使ってみましょう。馬は次に、左肩を突き出して逃げようとするでしょう。これを外側の、この場合左の手綱でコントロールします。拳を前橋に沿って上げて、必要に応じ圧迫を強めて下さい。右拳のコンタクトはとても軽く、しかしきちんとそこになければなりません。左脚はつけて、しかし受動的に、主脚である右脚が積極的に押してくるのを受け入れなければなりません。

必要に応じた左肩のコントロール　必要に応じた右肩のコントロール

127　前肢旋回

受動脚（受け止める脚）

主脚

動く方向

動く方向

両脚は馬が後退しないようコントロール

　3つの扶助を使うことによって、主脚であるあなたの右脚から別の方向へと、後肢を左に動かすこと以外、馬が何もできないようにしました。若い馬では、右脚で本当にドンと蹴ることが必要でしょう。訓練された馬では、ほんの少しの圧迫ですむはずです（図127）。後肢が1歩横に踏み出すのを感じたら、すべての扶助を休む位置に戻し、静かに座って、馬を（そしてあなた自身のことを）ほめて下さい。1歩ずつ、180度回転するまで続けて、それから歩き始めて下さい。馬が喜んでどちら側でもこれを行うようになったら、2歩続けてやってみて下さい。自分が要求する以上に馬が進まないようにして下さい。数歩連続して要求する時には、脚の扶助のタイミングに従わせるべきです。

前肢旋回の実演

　私は生徒に、地面に立った状態で、このタイミングを実演するのが好きです。右手を右太ももにおいて、それが左ももの上を交差するまで押します。そして左ももが自然に左についていくように手を離します。そしてこれを繰り返し、右ももが再び左脚に交差するように押します。ですか

ら押す、ゆるめる、押す、ゆるめる、となり、交差する右脚と同調します。馬の上では、ゆるめる時、脚を離しません。ゆるめる時には、柔らかくするだけです。そしてまた押します。馬の肢が下で交差してリズミカルに動くのを助けながら、自分の脚がまるで馬の肢の一部になったように感じるでしょう。

あなたは、常歩から完全に停止しなくても、前肢旋回ができるようになっているのに気付くでしょう。これは、前方へのエネルギーと後肢の踏み込みを保つのに、とても良いエクササイズです。横運動では、あなたの主脚側の馬の後肢は、移動する方向に向かって、もう片方の肢の前を交差して動かさなければならないことを思い出して下さい。もう一方の肢の後ろを交差して動いたり、またはあまりに小さい動きでもう一方の肢の横までしか来ないようだと、前方への動きを失ってしまうでしょう。横に動く時は絶対に、前方について考え続けなければなりません。ソフトアイと共に、この方法で前方への動きを保つことができます。それが十分でなかった場合は、馬に前方を意識させるために、両脚を使うべきです。馬が完全に反対側を向くまで後肢で回転する間、センタリングとバランスのとり直しを数回は行う必要があるでしょう。それからすぐにまっすぐ前に歩き、よく馬をほめてやって下さい。

このような細かいことを通じて、あなたの体は静かに、まっすぐに、バランスを保たなければなりません。おそらくあなたは、骨盤を左に押して、体を右に曲げ、コークスクリューのように体をねじっているでしょう。なんて可哀想なあなたの馬！どうすれば馬は、このひどいバランスの体の影響を受けた、あなたの脚と拳が要求することを聞き分けられるでしょう？答えは集中力と感受性をフルに使って、4つの基本を使うことです。

横運動を学ぶ時は、体重を2つの坐骨に均等に維持しなければなりません。自信を持ってこれができるようになるまで練習して下さい。ほとんどのライダーが、片方の坐骨により強く乗ってしまう傾向がありますが、横運動のエクササイズはすべて、的確な坐骨の使い方を習うのに良いものです。2つの坐骨を故意に別々に使うことを学ぶ前に、均等に使えなければなりません。2つの坐骨を均等に使うことを学んでしまえば、片方の坐骨をもう片方より強く使うコントロールを手に入れているでしょう。これはあなたに、

さらに繊細な扶助を与えます。

　レッスン中に馬を横に動くように要求する時、主脚である右脚の方に傾き、左方向へ圧迫しながら、繰り返し右の坐骨を馬の背中にドンドン叩きつけているライダーがいました。この動きは彼女の骨盤をも左に押し出しました。馬が断固として反抗している、このみっともない動きについて彼女に説明するように求めると、彼女はこう言いました。「私が傾いて坐骨から馬を押し出すんです」この方法は決して効果がないでしょう。物体を押すためには、何かに対抗して押す必要があります。馬の横に立っている時は地面に踏んばって馬を押すことができますが、馬に乗っていて馬を押すことはできません。あなたが踏んばれるのは空気だけです。しかしながら、脚、拳、背中下部を使って馬を刺激することはできます。

　以前、自由に柔らかく馬を前方に動かし続けるために、馬にあなたの坐骨を前方にたっぷりスライドさせることの価値について習いました（63ページ参照）。今度は脚と同様に坐骨を使って、馬を横に動かすことに挑戦できます。想像の中で、馬の背骨に対して斜め前に坐骨を向けて下さい。突進させてはいけませんが、馬が動くように、馬のリズムで1歩ごとに1回、スライドさせて下さい。斜横歩と肩を内へ（この章の最後に説明があります）と同様、前肢旋回では、主脚と同じ側にある内方坐骨は斜めに滑る必要があります。しかしもう一方の騎座は、体重を運び続けます。それを動かすと、胴のバランスを崩してしまうでしょう。

　中央線を進んでみましょう。そして手綱の圧迫なしに静かにバランス良く座り、リズミカルな滑りを試してみましょう。ほとんどすべての馬が、繊細な扶助だけで横に流れます。

斜横歩

　斜横歩はライダーに協調性と感受性を教え、馬には従順性とバランスを教えます。斜横歩とは、馬は進行方向を向かず、またその方向に屈曲することもない動きです。動きは横方向と前方向に向かうものですが、横よりは前に大きく進みます。前よりも横に大きく踏み出すのは間違いです。主脚側の馬体は、馬の肢が自由に動くように柔らかくなければなりません（図128と129）。項は、進行方向と反対側の目の上部と鼻孔の端が乗り手から見えるくらい、柔らかく屈曲すべきです。前駆が後駆よりも少し前の線を動くことは許されますが、後駆は前駆よりも速く横に移動してはいけません。

　このエクササイズを実際にどのように行いますか？初めに、4つの基本を取り入れて下さい。これは斜横歩運動の命です。胴のバランスと独立した扶助、つまり2本の脚、2つの拳、中央にある坐骨について十分に自覚しなければなりません。前に直線上の下方移行でイメージした長方形のテーブルは、今回は斜め横に動きます。

内方の扶助と外方の扶助

　横運動では、ライダーの主脚は内方脚と呼ばれます。これはこの脚のまわりで屈曲するように馬に要求する脚で、柔らかい動きをして欲しい側であり、ライダーからこちら側の馬の目が見えているべきです。例えば右への斜横歩では、内方脚は左側です。手綱についても同様です。

　主要な扶助はこの内方脚です。馬の左側の体と肋骨が屈曲することなく、柔らかくなることをあなたは望んでいます。あなたの主脚は、腰、膝、足首の関節に緊張がなく、柔らかく、長く感じられなければなりません。この基本的な扶助は、斜めにスライドする坐骨の助けと共に、馬を前と横に進むように促します。リズムの中で、前肢旋回で行ったように脚を使って下さい。

(128) 正しい右への斜横歩

(129) 馬は肩から逃げ、ライダーの脚が硬く均等ではない、間違った右への斜横歩

２つの二次的な扶助である、外方の脚と手綱も使って下さい。右に斜横歩している時に、外方の右手綱は、前への動きをまとめてコントロールします。内方の左脚と坐骨からの斜めの動きにも対応します。外方手綱は、馬の頸がまっすぐになるように、また肩が逃げたり、後肢より速く横へ進むのを控えるように使います。前躯が行き詰まって右に動かなくなったら、外方手綱（右手綱）は開き手綱、つまり導く手綱として使うことができ、必要なだけ動かします。外方の右脚は、主脚である左脚の押しに応じるために馬の脇に置き、前への動きを維持します。後肢を右に振り出しすぎるのも防ぎます。

　第４の扶助、内方の拳もまた二次的な扶助です。内方拳は、内方脚が馬体の側面を柔らかくするのを助けます。また馬に、ライダーから内方の目の端が見えるように、項のあたりで屈曲させます。これは訓練中の馬の場合は、わずかに開き手綱で、経験のある馬の場合は直接手綱で達成できます。どんな時でも鋭敏で、ゆずり、要求し、十分ほめてやる拳でなければなりません。馬体の側面を柔らかくして、わずかな屈曲を要求する際には、内方脚の方が内方拳より先に来ることを忘れないで下さい。

　斜横歩が初めての馬、またはライダーには、初めは小さい、しかしとても正確な横への動きだけを要求します（図130）。最初は、右前方に歩く時、馬は１歩か２歩横に、左後肢の肢跡は十分前に、横へは馬体の中心線に乗るぐらい交差させて歩き、右後肢が斜め前に移動して１歩を形成する間、その体重を支えます。そして馬体は移動します。左後肢が右前に再び来るまでの間、右後肢はその重さを支える脚になります。前肢も同じようなパターンで動きます。もちろん左に動く時は左右がすべて逆になります。

　小さい横への動きは、若い、あまり強くない馬に、バランスを維持させ背を水平に保たせます。未熟な馬は、進行方向と反対側の腰を下に傾けないと横へ大きく踏み出すこ

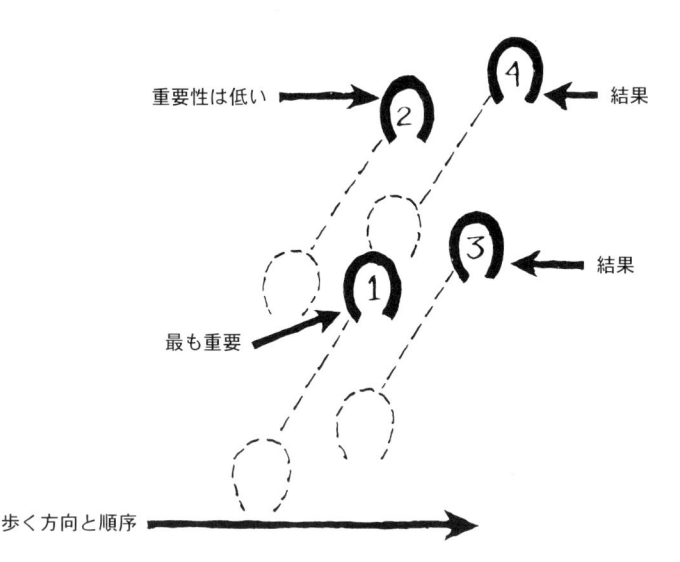

図中ラベル: 重要性は低い → ②　④ ← 結果　③ ← 結果　最も重要 → ①　歩く方向と順序 →

130　斜横歩を、初めのうち小さく、しかし正確に試みるための蹄跡の図

とができません。左肢を右へと交差させて動かす時、左側を下げる傾向があります。馬がもっと柔軟に、強く、バランス良くなった時だけ、体の中心線を越えて踏み出すことができます。

　このエクササイズをあなた自身練習して下さい。馬を馬場の中央へ歩かせて下さい。頭と目を上げ、センタリングして、馬に半停止をさせ、腹帯の後ろに置いた左脚とスライドする左坐骨で、馬の左後肢と馬体全体を右に動かします。そしてその1歩をほめるために脚を柔らかくして、また要求します。馬への感謝はいつも、一瞬、拳、体、脚を柔らかくすることです。もっとたくさんほめる時は、首筋を叩いたり、頻繁に声をかけます。

横運動のエクササイズ

　ソフトアイ、センタリング、呼吸法、心の中のビデオを使って、この的確なエクササイズを続けて下さい。騎座が鞍全体を覆うように感じて下さい。そうすれば体が安定してバランスがとれ、胴や腕は独立して自由に動けるようになります。上達してきたら、自分の胴のバランスがとれていることを忘れずに、もっと歩数を連続して要求して下さい。横運動を数分練習して、またしばらくまっすぐ進み、数分後にまた横運動に戻って下さい。どこからでも斜横歩することができます。直線から、斜線上から、輪乗りから外へ向かって。常歩で馬がよく応えてくれるようなら、速歩でやってみましょう。速歩の2拍子の歩様により、常歩よ

り速歩の方が簡単なことに気付くでしょう。

　あなたと馬がこの小さなコントロールされた斜横歩に熟達したら、馬はもっと強く柔軟に、バランス良くなっているでしょう。この時点で、馬にはもっと内方後肢をより大きく交差するように要求することができます。できる限り大きく伸ばし、またできるだけ背中を傾けないように馬に要求して下さい。馬が混乱したり、バランスを崩したら、最初のころの小さい歩幅に戻って下さい。そうすれば、横運動は馬とあなたにとって楽しく簡単なものであり続けます。ステップは一貫したテンポになり、エネルギーはいつも後ろから前に流れなければなりません。

　もし上手くいかなくなったら、止めてチェックリストを確認して下さい。息を止めませんでしたか？バランスが高くなり、深く下へセンターを落とさなかったのでは？左脳が独占して右脳が活躍する機会を与えなかったのでは？内方脚が硬くなり、馬は不快だったのでは？内方拳でゆずる代わりに、固定してしまったのでは？外方扶助が働かず、馬はその中に入ることができなかったのでは？ただ馬が聞いていなかったのでは？そのような場合、もし馬があなたの脚から離れて前横方向に動かなければ、あなたが脚の後ろにムチを使うということを馬に思い出させるべきです。馬がこれに従ったら、ほめるのを忘れてはいけません。馬ではなく、自分自身に問題があるなら、いらいらせずに自分自身を知るために時間を使って下さい。そうすれば扶助は正確で明確になるでしょう。もっと簡単な運動をいくつか行って下さい。そして自分と馬を信頼してもう一度横へ踏み出して下さい。

肩を内へ

　横運動の扶助の使い方を理解したので、より簡単に他の横運動のエクササイズを学ぶことができます。あなたの協調性と馬のバランス、柔軟性を発達させるもう一つのエクササイズは「肩を内へ」です。この動きでは、後肢は蹄跡上を進みますが、肩はわずかに内側を進みます（図131）。結果として、馬は3本の線上を通ります。外方後肢が1本目、内方後肢と外方前肢が2本目、そして内方前肢が3本目です。前に動く時、馬はライダーの内方脚のまわりに屈曲します。ですから馬は進行方向から離れて屈曲します。肩を内へは馬が柔軟になるのを助け、後躯をより活発に動かします。

　肩を内への運動の一般的な問題は、ライダーが馬の肩についてもとの蹄跡から前肢を出させることに夢中になりすぎて、後ろのことを忘れてしまうことです。その結果、馬は屈曲せずに、エクササイズの意味はすべてなくなってしまいます（図132）。理想的には、肩を内へはセルフキャリッジをフル活用した、馬の体重の大部分が内方後肢の上で運ばれ、バランスをとる動きです。そのため前躯は軽く、自由に屈曲します。

　しなやかな竿で釣りをしていて、魚が釣り糸を左に引っ張ったら、竿の先の部分が左に曲がっても、持ち手を静かにまっすぐ前に持ち続けるでしょう。ですから、馬の後ろの部分がまっすぐ前に動き続けるように、騎座と脚で抱えなければなりません。内方脚と斜めにスライドする坐骨で、外方手綱の中にエネルギーを作り、やさしく内方拳が方向を合図するのと共に、推進力は後ろから来なければなりません。前躯を内方拳で蹄跡から引っぱり出すと、馬に体重を後肢から外させることになり、肩を内へは崩壊してしまいます。ですからもう一度、あなたのソフトアイを上げて蹄跡をまっすぐ見て、内部のバランスとセンタリングと共に乗りましょう。

(131) 右への肩を内へ。尾から項までの正しい屈曲と、ライダーのセンターに置かれたバランス

(132) 右への肩を内へ。頭と頸が曲がりすぎて正しくない姿勢

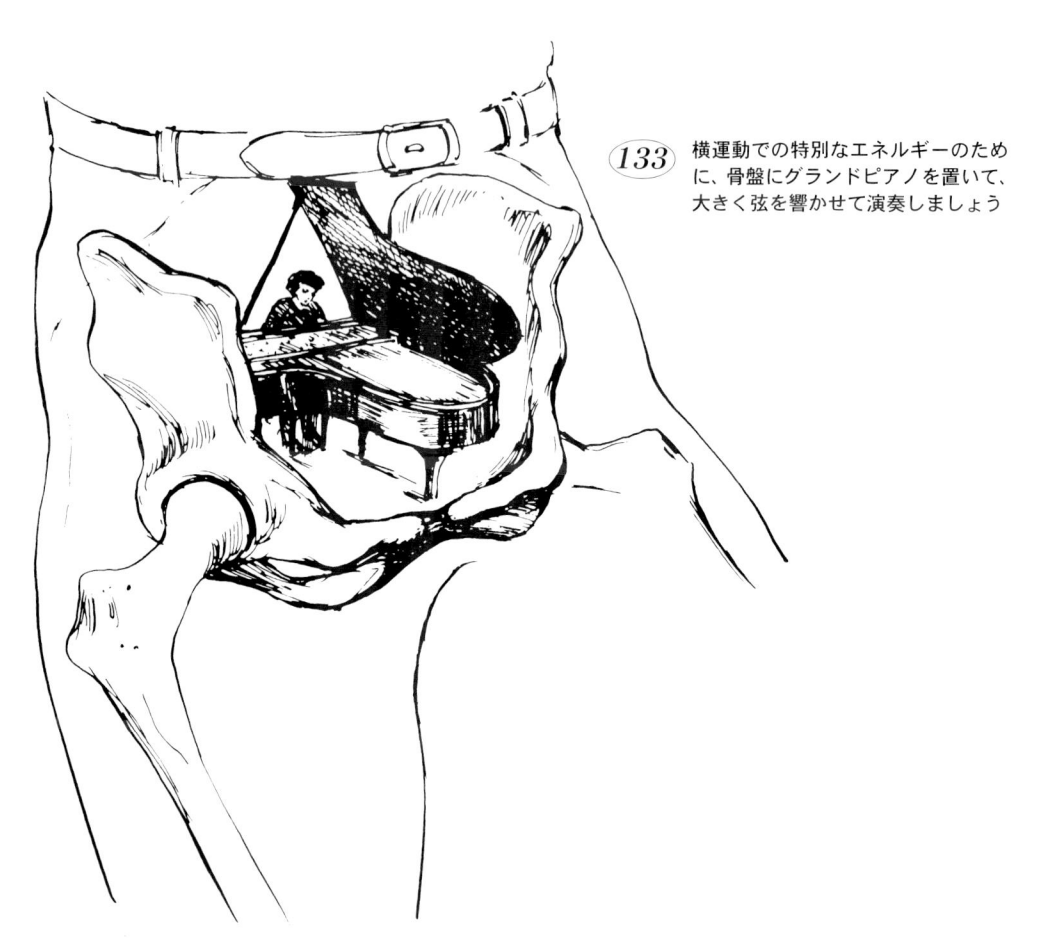

⑬ 横運動での特別なエネルギーのために、骨盤にグランドピアノを置いて、大きく弦を響かせて演奏しましょう

　肩を内へを最初は常歩で、10mの輪乗りの終わりか、隅角を曲がりきるところで始めて下さい。初めの内は、1、2歩を正しくできるよう要求し、輪乗りをして、もう一度やってみて下さい。以前、横運動のエクササイズで行ったように、量より質を求めて下さい。肩を内への前後に輪乗りをすると、馬の屈曲を維持できます。この動きに慣れてきたと感じたら、速歩でやってみて下さい。斜横歩でのように、速歩における推進力の増加と斜対の運歩が、肩を内へを簡単にすることに気付くでしょう。

　肩を内へは、乗馬のほとんどが基本に戻ることであることに気付かせてくれます。それは4つの基本であり、斜対の扶助です。これらの斜対の扶助間の相互作用が微妙に変わることによって、輪乗り、斜横歩、肩を内へ、またもっと高度な横運動の間に違いが生まれます。

　どのような種類の横運動をする時も、骨盤の底に置いてあるグランドピアノを弾いていると想像すると助けになります（図133）。ピアノは重いので、そのイメージはあなたが重心を下げる助けとなるでしょう。ピアノを元気いっぱ

い鍵盤を全部使って弾いてみましょう。そして音の波を体中に流れさせましょう。このイメージは、前ではなく、横に動かすエネルギーを作るのを助けます。横運動は他の意味でもピアノを弾くことと似ています。ひとつひとつ徐々に学ばなければなりません。ピアノを習う時、混乱しないようにまず1本1本の指について学ぶように、あなたは体の各部を使えるようになる前に、単純なことから学ばなければなりません。

　ブロック積みでは、1つずつ上に積み上げていくことに注意して下さい。一般的な傾向として、体は主脚側へ傾いてしまいます。馬がバランスを崩してしまうので、そうならないことが重要です。直線上で完全な停止の練習をしていた時は、脚の助けを借りることなく胴だけでバランスをとっていました。始める前に、全体の動きをいつも心の中のビデオで再生し、右脳でイメージを保ち続けて下さい。探していた協調性とコントロールを徐々に手に入れるにつれ、横運動のリズムがどんどん簡単になることに気付くでしょう。それは前に動く時も横に動く時もエネルギーと軽快さを伴ったダンスになります。

The Essentials & The Results

横運動の基本とは？

- 4つの基本を使います。
- 馬の体と肢の位置の自覚を持って下さい。
- 上半身のバランスを保ちます。
- 脚、騎座、拳を独立して動かし続けます。
- いつも前方を考えます。
- それぞれの特別な動きの時は、馬の姿勢を正確にします。

横運動の成果は？

- 馬はより注意深くなります。
- 馬の動きとのバランス、協調性が増加します。
- 馬はより柔軟にバランスが良くなります。
- 馬の後肢の働きが増加します。

Jumping

障害飛越

　ケンタッキー大学でフラットワーク・クリニックを行った後、インストラクターのカレン・ウインが手紙をくれました。「あなたの基本理念は、障害飛越に素晴らしく役立ちます。センタリングをすると馬より先に飛んでしまうことを防ぐし、馬がどんな飛び方をしてもライダーはついて行けます。また、馬が障害を逃避した時や拒止した時もライダーは馬の上にとどまっていられます。ゆっくりとビデオテープを右脳で再生することによって、ライダーは障害に向かって急ぐことがなくなります。ソフトアイ、呼吸法、ブロック積みももちろんそこに組み込まれています」というものです。

　どうしてそうなるのでしょうか。フラットワークと全く同じように障害飛越でも、2つの主要なブロックの1つを、もう1つの上に積み重ねる必要があることが主な理由でしょう（図134）。障害飛越での姿勢では、骨盤はブロック積みの線の後ろにあり、頭と肩は線の前にあって、骨盤の重さとバランスをとっています。しかしながら、センター（体の中心）は足の真上にとどまり、鐙革は金具からまっすぐ下がります。そのためセンターもまた馬の重心の上に来ます。

　この姿勢は、足首、膝、股関節の動きを通じて衝撃を吸収し、体のバランスを保っています。これらの関節は硬くてはなりません。強く使う時も、柔軟性がなければなりません。これによって馬の動きが吸収され、足の上にあるセンターの基本的なバランスは維持されます。

　このイメージに加えて右脳のビデオテープ、センタリング、呼吸法と共に使うソフトアイを取り入れて下さい。あなたのセンターは、いつも馬の重心と共にあるようになるでしょう。あなたは馬の中に調和していくので、前すぎたり、後ろすぎたり、高すぎたりすることなく、馬と一緒にいることができるでしょう。心の中のビデオは障害飛越を統合して見せてくれるので、パニックに陥って障害に突進

(134) 障害飛越の姿勢では、骨盤はブロック積みの線の後ろに来ます。頭と肩は前で骨盤の重さとバランスをとります

18. 障害飛越

することはなくなるでしょう。そして体の中心深くを通る呼吸は、全過程を滑らかに保ちます。

　馬の動きは大きくなり、時々予期しないような動きもあるために、フラットワークよりもしっかりした騎座が必要でしょう。しかし、騎座を固定すると柔軟性をなくしてしまうので、何の価値もありません。踝の少し上に来るように鐙を短くして下さい（図135）。骨盤をフラットワークの時よりかなり後ろにして下さい。鐙革を金具から垂直に下げるように気を付けて下さい。膝から下がもっと直立しているように感じるということです。自分の膝から下に腹帯すぐ後ろの馬体側面にしっかり密着させて、鐙の中で踵をよく沈めて下さい。足の裏が前方を向いたように感じるでしょう。馬体側面の鐙と膝から下の間の圧迫が、馬上でのあなたの支えになります。あなたの体重はこの安全なくさびの上でバランスをとります。膝は鞍に接していなければなりませんが、硬直してしまいがちですので、締め付けてはいけません。そして障害飛越の運動をしている間はずっと、膝は自由に曲がらなければなりません。

　では、股関節から前に曲がって、センターが足の上に来るように、しかし絶対に足より前にならないように、しっかり置いた足の上で体のバランスをとりましょう。股関節を閉じることが、滑らかな障害飛越への鍵になります。股関節が閉じる時、お尻と騎座は軽くなるか、鞍からわずかに持ち上がり、後ろに向きます。しかし、空に突き出してはいけません。あなたの騎座は鞍に接近しますが、体重は下半身でしっかり支えられて、鐙の上と膝から下になければなりません。膝から下、太もも、体は、以前お話しした衝撃吸収剤になります。足首、膝、腰は蝶番です。最も活動的な蝶番は腰で、その次は膝です。それは足首が硬いということではなく、踵がいつも下がっているので、動く余裕が少ないというだけで、しかしそこには弾むような感覚があります。

　この障害姿勢、つまり足の上にあるセンターは、腕と手を必要に応じて自由に前に動くようにしてくれます。障害への助走に入る時には、上半身が馬のコントロールとバラ

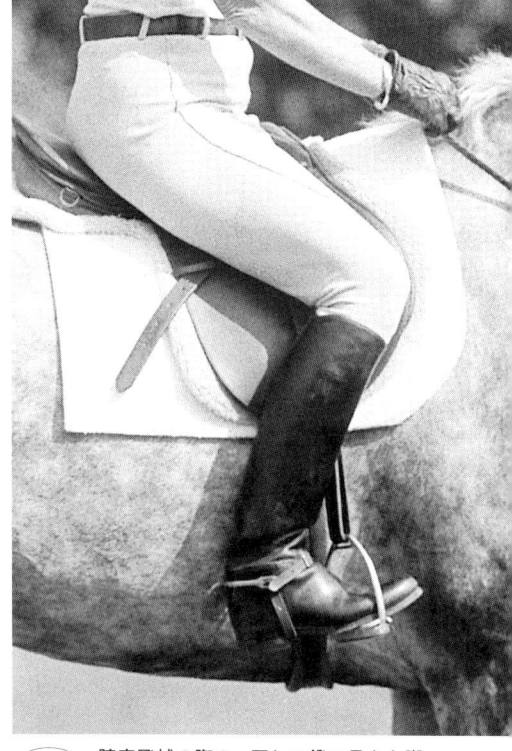

⑬⑤ 障害飛越の際の、正しい鐙の長さと脚の位置

ンスのためにもっと直立することがあるでしょう。こうすると、センターは足より後ろに少し移動します。しかし、障害へ到達したら、飛越の準備をさせるために再び足の真上にセンターを置いて、腰の角度に近づいてくるように馬を許さなければなりません。

　障害飛越を習っている人の多くが、腕や手を十分前に伸ばしているのに、さらに上半身を前に投げ出す傾向があります。そうするときまって、ライダーのセンターはいつも足の前方に、お尻は空中に来ます。これは危険なばかりでなく、ライダーの体重は馬の重心の前に投げ出されます。乗馬ではすべてにおいて最小限の動きが一番良く、最も馬の努力を妨げません。センターが馬と馬の重心にもっと近付けば、あなたはより安定して柔軟になるでしょう。

　障害飛越の姿勢で鐙の上でバランスをとり、膝から下と足の位置にもう一度注意を向けて下さい。爪先を意図的に馬の側面に平行にしたり、大きく横に向けるべきではありません。前者は膝と腰に緊張を生み、後者は膝を鞍から離します。不自然な努力をしなくてもできる程度に、足を馬と平行に近く保ちましょう。あなたの体重を踵にくさびのように打ち込んで下ろし、馬に膝から下の側面を押しつけましょう。爪先が外を向く度合いは、あなたや馬の体型によって様々です。

　この安定した、バランスのとれた姿勢を、常歩で、また速歩と駈歩で行ってみて下さい。足と膝から下の安定した感覚に慣れて下さい。もし足が後方に下がっていると、急な停止の時に何の役にも立ちません。足の裏が自分の下にあり、前を向いていれば、鐙革は垂直に下がって、必要な支えがあるのです。

　この安全な基盤と共に、ソフトアイと呼吸法を維持すれば、衝撃吸収剤のクッションの効果で馬の動きは簡単に吸収され、ついていくことも容易になります。足の上に来るセンターのバランスと、このバランスが馬のバランスと共鳴することを自覚して下さい。あなたが柔軟性を保ったまま、どんなに強くなったか注目して下さい。一度この基本姿勢を右脳で確立すれば、自由に様々な状況に適応することができます。

ジムナスティック・エクササイズ

　速歩用に3～4本の地上横木を、137cmほど離して地面に置いて下さい。柔らかい拳で、馬を自由に歩かせて、静

かに、歩幅が横木の間隔にぴったり合うようになるまで常歩で通過して下さい。次に速歩をやってみて下さい。通常の速歩の歩幅で、最初の横木を均等に踏み切ることができる正しい踏み切り位置を、横木に近付く時見るようにして下さい。横木に来る前に、自分のバランスとペースをしっかりと確立して、リズミカルな速歩を前方にバランス良く維持して、踏切位置に馬を誘導して下さい。これは『距離を見る』とか『踏切点を見る』というものです。この能力は練習で向上します。前方まっすぐを考えて、そして見て下さい。軽速歩においては、体をほんのわずかでも前に押し出してはいけません。ただ馬の体を自分の下で上下させ、関節にどんな新しい動きも吸収させて下さい。センタリングを維持して下さい。

　速歩の横木通過が簡単で、心地良くできたら、最後の地上横木から2.7m離れた所に、小さい障害を作って下さい。30cmの高さのクロスバーを使って下さい。後にほんの少し高さを上げることができます。まず速歩で地上横木を通過し、最後の1本の後、拳（こぶし）を馬のクレスト（馬の頸（くび）のトップライン。ちょうどたてがみの生えている線）の上で5～8cmスライドさせて下さい。そうすると手綱にいくらかゆるみができます。これは「クレスト・リリース（クレストの解放）」といわれています（図136）。馬が大きい速歩か小

⑯ ジムナスティック・ラインを飛びます

さいジャンプでクロスバーを通過し終わるまで、拳をそこにとどめて、上半身の体重をほんの少しかけて下さい。体を前に押し出してはいけませんが、もし小さなジャンプをしたら、あなたの股関節に馬がどのくらい近付くか注目して下さい。馬に小さなジャンプをさせて、あなたが動き出す時にもう一度関節を開いて下さい。

　あなたと馬が心地良くその障害を飛べるようになったら、初めの障害から2.7mほど離して2つ目の障害を作って下さい。60cmの高さの、地上横木のついた垂直障害です。同じように乗り、前のめりになることなく、足の上の静かな安全なバランスを保って下さい。腰、膝、足首が動きを吸収する間、2つ目の障害を飛び終わるまで、拳が馬のクレストの上にとどまるように注意して下さい。そして姿勢をもっとまっすぐに立て直して、馬がバランスをとり直すのを助けて下さい。次の障害通過まで馬場をまわっている間、バランスと前方へのリズミカルな速歩を作り上げて下さい。そうすると、馬を正しい踏切位置に来させ、スピードを上げることなく横木通過を始められるようになります。

　これがうまくいったら、5.5mほど離れたところにもう一つ障害を作りましょう。各々5.5m離れた障害を、5～6つになるまで作りましょう。これらには、小さいオクサーか、単一、水平横木を使います。常に60～75cmの高さの小さい障害から始めて下さい。馬の訓練によって、このパターンを変化させることができます。この種類のエクササイズは標準的なジムナスティックで、馬の飛越姿勢とバランスを向上させると同様に、障害を越える馬の動きをあなたが学ぶ助けとしても使えます。付け加えると、このような種類のジムナスティック・エクササイズで、障害間の距離を前もって調節することは、それぞれの障害で、正しい踏切位置に来るための難しさをいくらか取り除きます。これは初期の学習体験を簡単にしてくれます。

　このような障害の連続で鍵となるのは、バランスのとれた、深い、安定した騎座からくる静かさと、絶え間ないクレスト・リリースにおける静かな拳です。もう一度、センターのバランスとソフトアイを維持して、馬を動かして下

さい。そうすれば、馬はあなたに邪魔されずに、どのように体と肢を扱ったら良いかを学べます。クレスト・リリースはあなたの上半身をしっかり支え、拳を静定させる助けとなる一方、馬の頭と頸に、十分な自由を与えます。あなたは柔らかく、しかし積極的に、連続障害にアプローチするべきです。

　ジムナスティック・ジャンピングで基礎をしっかり確立できれば、競技会などであなたが遭遇するであろう、膨大な種類の障害やコンビネーション（連続障害）に適合するのがとても容易になります。ジムナスティックで、あなたは基本的な騎座と自分自身と馬を信頼することを学び、馬は飛節を使って踏み切り、バスキュールを描いて、自分の能力を信じ、そしてあなたを信じることを学びました（バスキュールは、障害を飛び越す時に、馬の体が虹のような弓形になることを意味します。それはちょうど水面から飛び出したイルカの曲線のようです。この反対の飛び方をするのは鹿で、背中を真っ直ぐにするかへこませ、頭を上げて飛びます）。今後、単一の障害や間隔に変化をつけた連続障害を飛ぶ時、アプローチ（障害への助走）でどのように馬を助け、飛越後馬に随伴するか、あなたは知っています。学ぶ課程においては、どんな失敗も大事故につながらないように、障害は絶対に90cm以下の高さにして下さい。コントロールは全体を通して柔らかく、しかし力強くなければなりません。障害へのアプローチで、あなたの上半身はジムナスティック障害を越えている時よりまっすぐに起きるでしょう。でも必ず騎座に軽く、体重を膝から下と鐙に保つようにして下さい。これは、方向、スピード、バランス、推進力などの、正しいアプローチの基本を守るために、必要に応じて、あなたに多くのセンタード・ハーフホルト（半停止）をさせるでしょう。アプローチでは、馬はあなたを待たなければならず、馬が自分勝手にスピードを上げたり、早く踏み切ったりするようではなりません。けれども馬は、あなたのセンターの前方へのエネルギーによって強化された、前進気勢を持つ必要があります。

踏み切る地点を判断するように試みて下さい。そしてソフトアイで前方を見て下さい。飛越の最中、馬が起き上がってきて、あなたのセンターを前橋近くに引っ張ります。そこは飛越の最中、静かにとどまる場所です。馬がそうするのを待って、馬があなたの股関節を閉じるにまかせて下さい。馬があなたの股関節を閉じさせると、前に行ったように、馬のクレストの上で拳を数センチほどスライドさせ、馬の肢が着地するまでそこにとどめて下さい。手綱のゆるみはまだ、ほんの少しで十分です。ちょうどジムナスティックで行ったように、飛越の最中騎座を後ろに、膝から下と足を前方に保って下さい。アプローチ後の主な目的は、馬の努力を妨害することではなく、馬を働かせることです。あなたはとても安定性を感じるに違いありません。今や自分のバランスのポイントが、馬のバランスのポイントのとても近く、上部にあるということをよく自覚しています（図137a～c）。

　アプローチの際に、馬を助けるためにセンタリングを使ったように、着地の時も障害を過ぎた後にもセンタリングを使って下さい。下降する時、馬の動きに合わせて、あなたの腰と膝の角度を開いて下さい。着地で前方にどすんと落ちないで下さい。足が前にとどまり、自分の下にあればそうならないでしょう。馬が初めの1歩を地面に踏み出す時に、拳のコンタクトを取り戻して下さい。でも拳を使う前に体を安定させて下さい。上半身を後ろに引き、センターを落として、呼吸し、次の障害へのアプローチのために、馬をやさしく、しかし必要ならしっかりと、自分の下に引きつけて下さい。馬に乗れば乗るほど、またアプローチや着地の時に体を使って馬をコントロールするほど、理想とするホースパーソンに近付くことができるでしょう。もう一度4つの基本を使って下さい。自分の体、脚、拳を、その順番に使って下さい。その間ずっと、あなたのセンターと馬のバランスを、体の下の足を使って統合して下さい。

18. 障害飛越

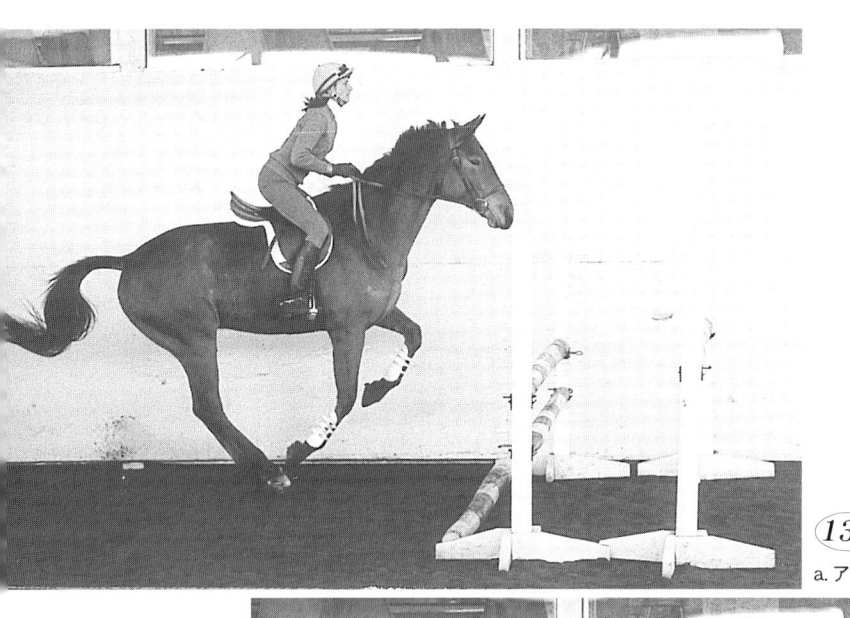

⑬⑦
a. アプローチ

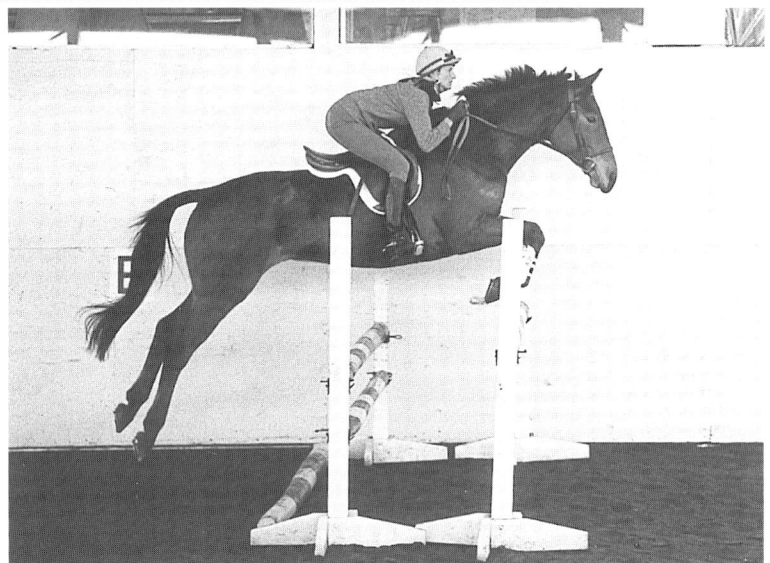

b. 飛越

c. 着地。馬の動きがどんなにライダーの股関節を開閉させるかに注目して下さい

動きのどんな部分でも、妨げたり止めたりすると、てこずるでしょう。初めに馬の動きから遅れて、前方に投げ出され、おそらく馬の頭越しのひどい落馬をするような災難となるでしょう。反射的にこれを避けようと、脚の筋肉をとても強く使わなければならなくなり、自分を支えるために、禁止されていても手綱に頼ってしまうでしょう。こうしていると、馬が障害を飛び越えるすべての運動能力を、使えなくさせてしまいます。馬はより障害飛越が難しくなるというだけではなく、喜びもなく、自分と一体化しない背中の上の大きな物を補わなければならないでしょう。その調整の大部分を、馬は背中を平坦にして頭を上げることによって行わなければならず、それは障害を越える時、馬の放物線（障害を越える時馬体の描く弓形）を平坦にすることとなります。こうなると、馬に膝や飛節を上げさせることが難しくなり、これは障害に当たりやすくなることを意味します。馬は、あなたが馬の重心の上、鐙の上で、バランスがとれて流動的であることを感じたいでしょう。それならば馬は、頸や背を正しい湾曲に形作ることができるのです。馬は飛越の時、頭を下に伸ばし、背を丸く伸ばそうとします。そしてあなたがバランスを保って安定したままでいると、馬は前肢が地面に着く時に頭を持ち上げ、後肢が着地するため前方に来る時にまた頭を下げることができます。飛越の後の活気ある1歩目のために、馬の背は後肢が安全に馬体の下に来るように十分長く上がり続けます。手短に言えば、着地の時あなたがバランスを崩せば、馬がバランスをとり直すのをかなり難しくさせてしまうということです。

　しかし、そのセンターのバランスを保つことができれば、非常に多くの利点があります。1番に、馬はあなたを信頼して、もっと喜んで飛ぶようになるでしょう。馬はあなたが自分の動きについて来てくれると思い、それは馬の観点からすると、障害飛越のリズムを保ち、あなたの体重をより軽く感じる助けとなるのです。あなたは、ベルトからぶら下がってバンバンはねる物より、肩の上でバランスをとった物を運ぶ方が、どんなに楽であるかをよく知っています。馬も同じように感じています。

　2番目に、あなたがよくセンタリングしてソフトアイを使ってバランスをとっていれば、馬の反抗や拒止に対して

もっと敏感になるでしょう。それ以上に、このバランスによってすぐに扶助を使う準備が整えられるのです。もし馬がためらったら、もっと強く押すために、あなたの膝から下を正しい位置に置きます。馬がとてもためらうなら、鞍の前部に太ももと膝を安定させながら、肩を後ろに引いて下さい。この姿勢で、あなたは背中と膝から下で馬を強く前に促すことができ、馬が踏み切ってあなたの方へ上がってくる際には、骨盤を鞍に落とし、体の残りの部分を下げることが可能です。

踏切で息を吐く

呼吸法がすべてにおいて大切であるということを強調しなければなりません。たくさんのインストラクターが、障害を飛ぶ時にライダーに歌を歌わせることが有益であることを発見してきました。歌っている時は息を止めることはできません。歌うことで障害飛越をうまく運ぶことができるのは、精神的な喜びやリラクゼーションというだけではなく、横隔膜を動かし続けて、体の残りの部分を硬くせずに柔軟性を保つことができるからです。ですから、障害にアプローチする時、馬の歩調にリズムを合わせて呼吸するようにしてみましょう。そして踏み切ったら、空気を吐き出し始めて下さい。その後、普通に呼吸して下さい。踏み切り時に息を吐いていれば、息を止めるのが難しいというのが、その考え方です。呼吸を止めてしまうと硬くなり、ついていく流れるような動きを失い、その結果として後ろに取り残されるでしょう。

　突進してしまったり、拒止する馬はどうでしょう？大部分の馬は、過去に傷ついた経験があるために突進したり、拒止したり、逃避したりします。ライダーが不安になって、障害に向けて急がせたり追ったりしすぎて、強く乗ったことにより、突進するようになる場合があります。もしあなたの馬が強く乗られていたなら、または、調教のレベルより難しすぎる障害に向かわせて恐がっているのなら、あるいは飛越に苦痛を感じているのなら、馬が自分自身とあなたに対して自信を得るか、取り戻すまで、低い簡単な障害を数多く飛ぶことから始めるべきでしょう。あなたはセンターにとどまり、ソフトアイを使い、バランスをとり、呼吸をしなければなりません。その一方で、馬自体は能力あ

る飛越者であるのに、障害を飛ぶ時人間に引っ張られていたり、またはバンと背に当たられていたり、傷つけられていたのだとしたら、異なる理由で、同じ方法をとらなければなりません。自分が馬の動きに遅れて、不快にしたり、傷つけたりすることはないということを、訓練を通して馬にわからせなければなりません。あなたは呼吸をたくさんしなければならないでしょう。なぜなら馬が予期せず障害から遠すぎる地点、あるいは近すぎる地点から飛んだ時、呼吸を止めないためにはかなりのコントロールが必要だからです。もし馬が予期しない動きをしたら、息を吐いて骨盤を馬の背の上に水平に保って、必要に応じて肩を後ろに振って、手綱を馬の口にとどくだけゆるめて下さい。
　馬が拒止し続けるようなら、馬がひどい乗り方で扱われてきたのか、訓練が足りないのでしょう。先天的に怠け者であったり、協力的でない馬は、特に悪くされがちです。深く座って鞭を使わなければならないでしょう。積極的に、しかし残酷に扱ってはいけません。そして、恐がっている馬では小さな障害から始めて、成功するたびにたくさんほめてあげましょう。
　巨大なグランプリ障害ではどうなの？と聞きたいでしょう。多くのグランプリ・ライダーは飛越の間足の上にセンターを置きません。これは事実ですが、しかし足の上のセンターのルールの例外です。偉大なジャンパーの写真をよく見ていると、その写真が記録している飛越間際の馬のバランスの中心が、どこであるかがわかるでしょう。あなたはライダーのセンターは、足がどこにあるかにかかわらず

馬の重心の上にあることを発見するでしょう。

　高さや幅が180cm前後のこれらの障害では、馬はものすごい跳躍と、推進力を必要とします。馬は後肢を体の下にもってきて、ほとんどその上に座りそうに上がっていきます。そして小さい障害よりもとても大きな、猛烈な推進力で上がってきて飛び越えます。馬は上昇時バランスを頸の中央まで前に投げ、下降の時に腰や後躯まで後ろに下げます。跳躍と推進の大きな力が働く中で、ライダーは同時に、自分のセンターを馬のバランスの上に滑らせなければなりません。これらの急な変化の間、足の上にセンターを常に維持することは無理です。それゆえ、ライダーの足は流動性が続く限りそれにまかせて動き、ライダーのセンターは馬のセンターについて行きます（図138）。このように、馬

(138) バーニー・トローリンとターマゲン（ブルーマス 厩舎所有）。フロリダ, 1982, タンパ・グランプリ

の努力や動きを妨害するものは最小限になります。

　国際的な障害選手のビル・シュタインクラウスはニール・フレンチブレイクの本、「障害飛越の世界（The World of Show Jumping）」で、こう語っています。「私はスタイリストであろうと思います。しかし障害飛越の時に、馬の犠牲の上にスタイルを考える人間ではありません。どんなスポーツを学んでいる人も、スタイルを正しく身につけることから始めることは大切です。馬を作り始める前に、基礎を正しくしなければなりません。後に決まりきった方法を無視して、自分の方法を発展させることができるでしょう…。ですから、スタイルを拒否しているわけではありません。けれども、厳しくスタイルに執着するあまり、達成できることを制限してしまっている人がいることに気付きました。古典的観念は重荷になり得ます」（図139）。

　障害飛越のほとんどは、古典的騎座で、足の上のセンターと、バランスのとれたブロック積みで、うまく行うことができます。この騎座は、障害飛越のすべての基本姿勢に導きます。ジムナスティック、メダル・マックライ（ライダーの飛越姿勢の審査）、ショー・ハンター（馬の飛越姿

（139）ビル・シュタインクラウスとナイトホーク。ドイツのコロンにて

勢の審査）、総合馬術競技にも。これらの活動はすべて、グランプリ・クラスで必要とされるような激しい推進力なしに、馬を通常の歩調で、適切な放物線を描いて飛ぶようにさせます。4つの基本を心に置いて障害飛越を行えば、馬が失敗した時も、ほとんど馬を傷つけずにすむでしょう。

The Essentials & The Results

障害飛越の基本とは？

- センターを足の上に維持します。
- ソフトアイと呼吸法を多く使います。
- 強い安定した膝から下と足を維持します。
- 馬を待ち、自分の腰の角度を開閉させます。
- 骨盤を後ろに保ちます。
- クレストにそって、拳を前方に、柔らかく保ちます。

障害飛越の成果は？

- 障害飛越を通じて、バランスはセンターにあります。
- 馬は正しい前進気勢を持ちます。
- 馬が失敗しても妨害は最小限にとどまります。
- 馬の前ではなく、馬と共に飛びます。
- 自分への安心感が得られます。
- 自分自身と馬への自信が生まれます。

Suppling the Horse

馬を柔軟にする

　柔軟な馬とは、バランスを崩すことなく、側方に屈曲できて、同様にフレーム（外形）を伸ばしたり収縮できる馬のことです。メジャー・ハンス・ウインクは、馬にフラットワークでジムナスティック・エクササイズをさせる必要性を説いてきました。これらのエクササイズは、馬を静かに柔軟にさせるだけではなく、馬がエネルギーを作る際に、徐々に後躯を大きく使わせ、もっとハミを受けさせてより集中させます。これらはすべて、力を使わずに行われます。なぜなら、正しいリズミカルなジムナスティックで訓練することにより、だんだん馬自身でバランスをとる必要性が出てくるからです。

　その結果として、馬は望ましいバランスになると、ライダーに頼らずに、馬自身でそれを維持するでしょう。あなたはもちろんそこで、何をすべきか馬に言い続け、馬と共に進むことによって、それを正しく行うように励まし続けます。馬が何か間違ったことを始めない限り、抵抗してはいけません。馬が間違ったことを始めた時さえ、どんな動きを要求されても、馬がバランス良く前進気勢を持って、本来の指示を実行できるようになるまで、ただジムナスティック・エクササイズを変えるだけでも良いでしょう。

　完全な従順性は、厳しく強制することからではなく、ほめてやりながら、適切な運動を繰り返すことから、習得されるべきです。あなたは、馬に要求するジムナスティックを選別して、自分自身の体の感受性と柔軟性を使って、馬を導くでしょう。この方法で有能なライダーに訓練された馬は、非常に短いウォーミングアップで、硬直して前躯に偏った状態から、より柔軟なバランスの良い、適切な馬に変化します。

　これらの柔軟エクササイズとはどんなものでしょう？ほとんどはとても簡単で、輪乗りや方向変換、上下への移行と、横運動を基本にしたものです。上下への移行は、バランスと従順性のための柔軟性、そしてエネルギーを作るた

めに、多くの人々が考えているより、はるかに重要です。輪乗りを直径20mから10m（より発達した馬には6m）へ小さくすることや、蛇乗りがこのエクササイズのシリーズに含まれています。前肢旋回や斜横歩は、柔軟のためにとても良いもので、トレーニングがもっと進めば、その他の横運動や屈曲も使うことができます。

　このプログラムの成功は、馬場で運動している間に、馬に最も最適なエクササイズを選ぶというあなたの能力にかかっています。1つの動きに長い時間とどまっているべきではありません。通常2、3分以上にならずに、素早く違うエクササイズに移って下さい。常に変化させることは、馬に自分のバランスを再調整し続けるように要求します。この時点で、それぞれのエクササイズの完成度に細かくこだわるべきではありません。馬が柔軟になってから、完成度を追求していくことができます。この時間は馬にとって、厄介な苦しい時間になってはいけません－馬の関節と筋肉がよく油を注入されて、潤滑になるためだけの時間です。この運動のほとんどは、常歩で行えます。良いことに、それは馬への負荷が少ないのです。残りは短い駈歩をおりまぜながら、速歩で行うことができます。

　デニー・エマーソンは、彼の素晴らしい馬、ヨークのウォームアップの手順を変化させるのに成功しました。ヨークは総合馬術競技馬で、いつもとても良く調整された、筋肉質の馬でした。しかし厩舎から出る時は、体がとても硬くなりがちでした。デニーは、激しい運動ができるくらいヨークが柔軟になるまで、少なくとも45分間の輪乗りと回転を含む、激しい速歩運動をさせなければなりませんでした。彼はある時、メジャー・ハンス・ウインクと著名なドイツのトレーナー、ウォルター・クリスティンソンによる、柔軟性への手引きを思い出して、初めの15分間常歩で、複雑なパターンの輪線運動、回転と1～3歩だけの適度な斜横歩を度々取り入れました。このエクササイズはすべて20mの範囲内で行いました。私は、デニーとヨークが、複雑な刺繍のパターンを縫っているようだと思いました。デニーは全体を通じて、自分の体をバランス良くゆったりと保ちました。この15分間の常歩の運動の最後には、ヨークは体が柔軟になって、ハッピーで注意深い様子でした。ウォームアップのほとんどは、緊張感や疲労を伴わずに行われ、ヨークはもっと重要な運動に向かって、元気を残していました。私はこの例を、すべてのウォームアップに用

いるものとしてではなく（体の硬い馬のウォームアップで、非常に良い結果を出すことを知っていますが）、個々の馬に合わせてプログラムを作る必要性を強調するために、引用しています。

　ライダーのウォームアップはどうでしょうか？私はいつも常歩で静かにレッスンを始めるのが好きです。どんな時でも初めは、馬体に運動の準備をさせるために、常歩をさせなければなりません。同じようにこの時間を、自分自身の体に運動の準備をさせるために使いましょう。馬とこれから何をするか計画を立てるためにではなく、本当にこの時間を自分のために使いましょう。馬はあなたが許しただけ進むでしょう。ですから、初めは自分の体と心を準備し、そして計画を立て、実行しましょう。一番良いソフトアイ、呼吸、センタリング、ブロック積みを引き出しましょう。自分のセンターに下がりましょう。ただしばらくそこにいるだけで、どんなに穏やかになれるのか感じるまで、そうしていて下さい。馬とあなたのリズムが一緒になるまで、馬の動きを意識的に、徐々に自分の体を通して上昇させて下さい。

まとめ

　さて、私がこの本の中で説明した、いくつかのイメージと動きを統合してみましょう。そして外に出て馬と運動しましょう。最も効率的に馬と一緒に運動するためには、馬がどのように見えて欲しいか、自分自身がどのようにふるまうかを、心に描いてみましょう。この画像を、心の中で生かし続けて下さい。センタリングして、その他の基本について考えて下さい。可能な限り馬の運動に変化を与えて下さい。運動の変化は、あなたと馬の両方にとり、運動を楽しくします。馬場で運動しているのなら、延々と20mの輪乗りをしても効果はありません。他の運動に変えることによって、問題を矯正して下さい。上下への移行、横運動をいくつか、輪乗りに戻り、そして他の場所に移って、もう一度それを行います。もしあなたか馬が、どちらか一方の手前の方がやさしくできるのなら、簡単な手前から始めて下さい。これはあなたには良いイメージと感覚を、馬には満足感を与えます。それから難しい手前に挑戦して下さい。もし、自分に正直であれば、馬に感じる片側への片寄りは、本当は自分自信にもっと頻繁に起こっていることに気付くでしょう。自分の片寄りを直すことができれば、馬の片寄りも同時に消えてしまうでしょう。

　自分が、馬と共通の1枚の皮膚を持っていて、お互いのセンター（体の中心）を通じてつながっているホースパーソンであると感じて下さい。扶助を使う時、馬の中のエンジンにエネルギーを作らせ、それを自分のセンターを通して上昇させ、放出し続けて下さい。あなたの扶助の精度はとても重大です。あなたは心ゆくまで自分をセンターに置けていても、馬にぼんやりした扶助を与えているなら、馬を混乱させます。自分自身に聞いて下さい。「私はセンターにいるか？自分自身と馬の映像を心に描いているか？私は正確に扶助を使っているだろうか？」

　反抗にあったら、問題から抜け出すために、筋肉の力ではなく、代わりの方法に頼ることができます。反抗に打ち勝とうと奮闘する中で、馬を脚で押したり蹴ったり引っ張

りまわしたりしている時は、ただ自分の体を振り回して、馬を不機嫌にしているのです。しかし、もし体が平衡を保ち、深く、センターがおへその下にあり、脚が馬を覆って、馬体を通じてくるエネルギーと馬の筋肉の動きを鋭敏に感じ取れば、あなたは扶助で馬にささやくことができ、馬は気前良くそれに答えるでしょう。ほとんどの時間、右脳を使い、左脳は時々右脳に入ってきます。しかし、ソフトアイとハードアイ、右脳と左脳の対話を、柔軟にし続けて下さい。

　このように乗るためには、鍛えられた体が必要です。そのために、初めにとても詳しく解剖学、機能、体各所の使い方を勉強しました。センタリング、呼吸法、ソフトアイを使っていてもうまくいかなかったら、首と肩を硬くしていないかチェックして下さい。そして肩、背中下部、腰、膝、足首、爪先へと移動して下さい。どの部分も計画をくじく可能性があります。頭と首は、その下にある体全体に、致命的に影響しますので、いつもてっぺんから始めて下さい。全体を見て、どのように感じるか自覚して下さい。これが正確さを阻止している問題を発見する方法です。緊張をすべて取り除いて下さい。体の硬い部分の機能を取り戻して下さい。心の中のビデオテープを編集して、簡単に再生して、外に出てもう一度運動しましょう。

　ギャリーという生徒がいました。ギャリーは上級のライダーではありませんでしたが、正しい知識を持った真面目な生徒でした。ある日彼は、緊張していて、堅苦しく見えました。彼の小さな牝馬は、まっすぐな線をジグザグに進み、リズムは一定ではなく、短節なものでした。私のいつもの提案は、あまり助けになっていませんでした。次の日、私はギャリーに違うアプローチを試すように言いました。乗っている時、静かに、大声でしゃべらず、頭の中でさえ言葉を使わず、その代わりに、下で動いている馬体の感じを探すために、感覚と知覚だけを使うように要求しました。

　彼に、それぞれの矯正を行うのは、どのような感じかイメージし、それから実際に行う矯正が成功してもしなくても、それを感じて追いかけるように言いました。いつも何が正しく、何が間違っていて、何が必要か、感じていなければならないと言いました。彼は、受け止めるソフトアイ

20. まとめ

と騎座で集中しなければなりませんでした。

　ギャリーが変わっていくのを見るのは素晴らしいものでした。彼はもう堅苦しくなく、まるで馬とひとつになったように見えました。小さな牝馬は、リズミカルにスムーズに速歩をして、今までで一番良い輪乗りと蛇乗りをしました。それを見ていた人たちは、牝馬のその様子をとてもほめました。

　しかし、ギャリーは戻ってきて、私達の賛辞にすっかり混乱してしまいました。彼にとっては、むらのあるひどい乗り方に思えたのです。彼の馬は、しじゅうペースを変えようとしたり、一方に寄ったり反対に寄ったりして、その度に矯正しなければならなかったのです。ついに彼が、以前は自分の体だけに集中していたことに気付くまで、私達は話をし、説明しました。この時、初めて彼は馬に耳を傾け、また馬の動き、つまり以前は気付かなかった、よろよろしてむらのあるペースを感じることを、自分に許したのです。それらを感じるようになった今や、彼は矯正を行う状態となり、これらの矯正を行うことは乗っていてぎくしゃくして、不快に感じるものなのです。

　ギャリーの顔は、突然晴れやかになりました。新しい右脳の乗馬のコンセプトがすべて、彼に開かれたのです。彼はこのような感性と共に、ぐずぐずとよれる馬を、前方へスイングする歩様で動くように変える技術を得ることができました。彼はそれを練習に取り入れようと、今度は目を輝かして、確信を得た顔で、再び外に出ました。これからは、馬の重要な一部分になったような、新鮮な素晴らしい方法で乗ることができることを理解したのです。

　ギャリーの経験は、乗馬へのセンタード・アプローチの結果の典型的なものです。あなたもまた、乗馬は、完全な動きと、芸術性、協調性、流動性のある、美しいダンスのようなものだと考えているでしょう。もし馬がよく動くなら、馬の肢は地面に軽くおりるでしょう。それはまるでスプリングのように地面に触れるでしょう。馬の関節は、自由に活発に曲がるでしょう。あなたの関節もまた、頭のてっぺんから足の裏まで等しく自由です。夢の乗馬が実現します。

付録 I
馬場馬術の経路を踏む

　馬場馬術の競技会で演技をする時、私達は皆、馬の最高の状態を見せたいと思います。そのためには、家で課題をこなす必要があります（図140aとb）。あなたは、参加するテストについて、そしてテストのそれぞれの動きの理由について、徹底的に知っていなければなりません。さらに、練習を重ね馬を熟知することによって、テスト前に馬をウォーミングアップさせるのに、何が適当な柔軟運動かを知っていなければなりません。これにどの位時間がかかるか、よく確認しておいて下さい。

　競技会会場に着いたら静かに馬に乗り、長い時間をかけ

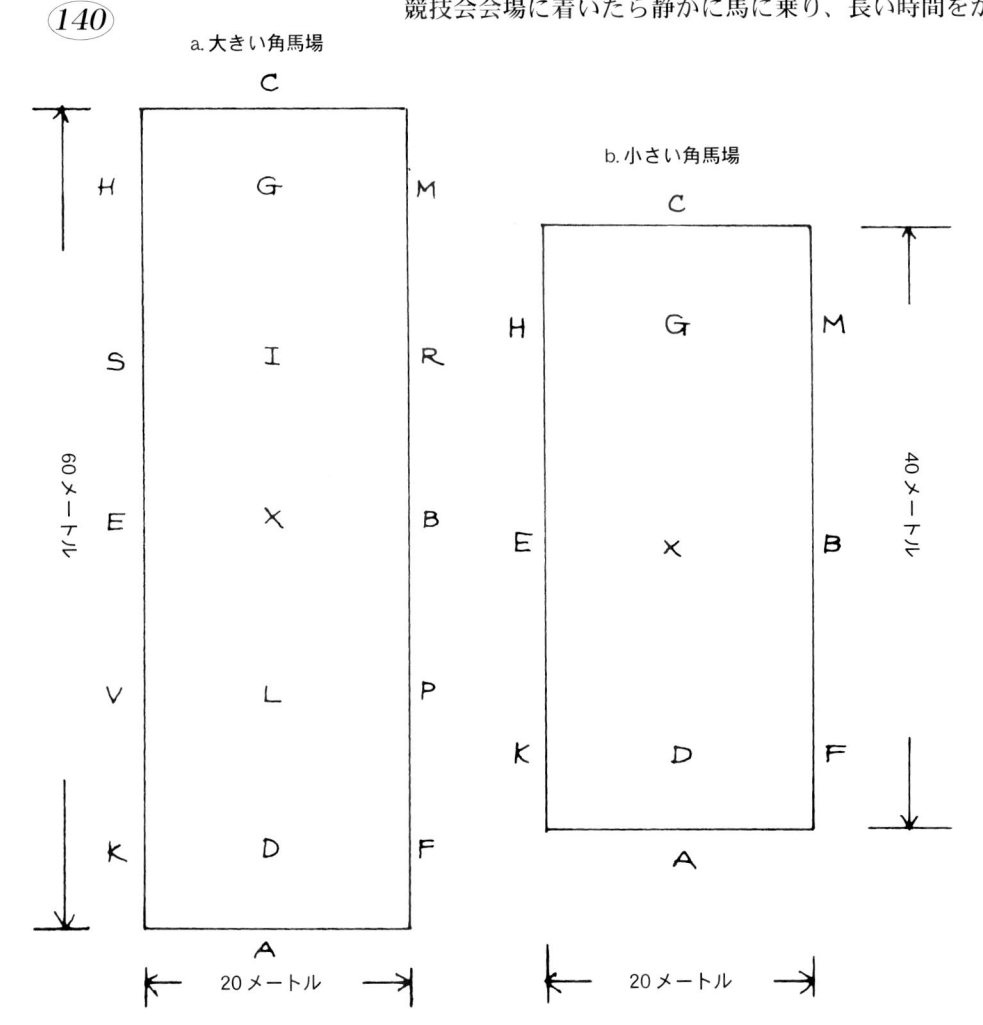

140

a. 大きい角馬場

```
        C
   H    G    M
   S    I    R
   E    X    B      60メートル
   V    L    P
   K    D    F
        A
   ←20メートル→
```

b. 小さい角馬場

```
        C
   H    G    M
   E    X    B      40メートル
   K    D    F
        A
   ←20メートル→
```

て周りを常歩して下さい。そうすれば、馬は周囲の環境や動きに慣れることができるでしょう。正確に何時に乗る予定かを認識しておきましょう。ウォーミングアップを始める前に、自分自身の中に入りこみ、センター（体の中心）を見つけ、ソフトアイと呼吸を作り、馬と自分の気分を自覚することに5分ほどかけて下さい。準備ができたら、ウォーミングアップを始めて下さい。計画した柔軟運動を行って下さい。自分の内部の自覚を維持できれば、自分や馬の中の緊張を素早く感じ、それをより良く直すことができて、ウォームアップは上手くいくでしょう。

　自分が乗ることになっている10分前に、ウォームアップを終わるように計画しましょう。この休み時間が、馬に運動後の呼吸を取り戻す機会を与えるでしょう。これはあなたにとっても、テストを復習する良い時間です。静かに座り、ベストなソフトアイで、正確に美しく、自分をセンターに置いて、テストのすべてを心の中でリハーサルして下さい。言い換えれば、テストのすべての動きの完全な演技を自分の中に快く吸収し、それを使う準備ができるように心の中のビデオを再生するということです。テストは、ひどい7分のトラウマではなく、日常のもうひとつのエクササイズにすぎないと確信する必要があります。

　前のライダーがテストを始めたら、馬がバランスと前への動きを取り戻すために、もう一度簡単なジムナスティックの図形を乗り始めて下さい。前のライダーが礼をしてアリーナを出る時、輪乗りを出て、危険な（馬が驚く）可能性のある、フラワーポットのようなものが置いてある審査員席とアリーナのふちの間を通ることにより、馬を慣れさせる準備ができるでしょう。それを通り過ぎる時、呼吸を止めないように注意することを忘れなければ、それらは馬にとって危険なものにはならないでしょう。あなたの規則正しい呼吸は、馬に自信を与えるでしょう。

　審査員が入場許可のベルを鳴らしたら、静かに、心配せずに入口に向かいましょう。ベルが鳴った後から入場するまで、1分間使うことができます。その時間を使って、本当にまっすぐAを通って入場するように、最後の輪乗りを形取って下さい。入口を通る時に、自分をセンターに置いて、さらにセンターに置いて、楽に呼吸して下さい。ソフトアイで、審査員に集中したり焦点を合わせるのではなく、彼らを見通しさらにその上を見るようにしましょう。あなた

のセンターから乗って下さい。

　Xでの停止の間、呼吸を続けて下さい。脚が馬を囲んでいるのを感じて、礼をしている間、馬の注意を維持して下さい。その間、ブロックをバランス良く保つことが重要です。女性ライダーは右手を太ももの横にまっすぐ落とし、手のひらは馬の方を向けます。おどおどせずに積極的に動きます。そして、首の最上部で頭を前に倒さなければなりません。この審査員を敬う動作は、ブロック積みのバランスを壊しません。一部のライダーがするような、深いお辞儀は必要ありません。それは体のバランスを崩し、馬を不快にします。チンストラップ（ヘルメットを顎で固定するベルト）を付けていない男性のライダーは右手で帽子を取り、手を体の脇に下ろし、帽子のてっぺんを審査員に向けます。チンストラップ付きの帽子をかぶっている時は、女性と同じ礼をします。

　礼を終えたら、静かに両手に手綱を持ち、上方移行する前に、すべてを調整して下さい。移行の前に、自分をセンターに置くことを忘れないで下さい。演技中、時々センタリングし直して下さい。多くやりすぎて悪いことはないことを思い出して下さい。いつもソフトアイ、正しい呼吸、ブロック積みを使いましょう。1つの動きから次の動きへの移行の2、3歩前にもう一度自分をセンターに置き、心の中のビデオで新しい動きを再生し、自分と馬を配置して、動きをスタートして下さい。バランスをとり直し、エネルギーを作るために隅角を利用して下さい。隅角や輪線から、死んだようにではなく、飛んで出て来なければなりません。活発なリズムを維持することは、テストすべてを通じて非常に重要です。前方のことを何よりも考えて下さい。そうすれば、他の乗馬の要素を達成することが、より簡単なことを発見するでしょう。

　初めと同じような、注意深い、尊敬のこもった礼を審査員にして、テストを終わらせましょう。長手綱でCへ向かい、長蹄跡へ出ましょう。静かに自由常歩で出ることは重要ですが、もしあなたと馬にあまり完璧ではない時間がいくらかあったとしても、満足を感じてほほえんだり、素晴らしい仕事をしたね、とほめるために馬の頸筋を叩いてやることを、ためらう必要はありません。礼儀正しくテストを乗り終えました。

付録 II
インストラクターの手引き

生徒の脚を伸ばす

　脚を伸ばすことは、両手前で行わなければなりませんが、左手前だけについて話そうと思います。初めに生徒に、頭を前上方にもっていくために、首を柔らかくすること、背中を長く広くすることを思い出させて下さい。生徒の背中の、肋骨の最下部に指を当ててみましょう。あなたの指先から放射され、斜め上に体を通って、胸骨のてっぺんから外に出て空に向かう、純粋なエネルギーの線を想像するように言って下さい（図51参照）。電気、放たれた矢、レーザービーム、ロケットなど、生徒に効果的なものなら、何を想像してもかまいません。生徒がこの感覚をつかんだら、胸骨の最上部から始まり、項（うなじ）から空へ後方に向かう、2つ目の線を視覚化するように言って下さい（図51参照）。これらの上方への2つの力は、上半身が軽くなる感覚を与えます。それは生徒に、2つの線の間で、頭がまっすぐに起きているように感じさせるでしょう。生徒の体は、あなたの指先から離れて引っ張り上げられるべきではありませんが、指に対してより柔らかく、重苦しくなく感じられるようになる必要があります。

　生徒に斜めの線と上半身の軽さを保つように言って下さい。生徒がどこに自分の仙骨（骨盤の後ろを通る背骨の一部）があるかを自覚するため、生徒の仙骨にさわって下さい。そして指先を、生徒の背中の肋骨最下部に置いて、体のその部分の少し内側にホック（引っかける金具）があり、そこから仙骨をつなぐ紐をたらしていると想像してもらって下さい。これを理解したら想像を広げて、仙骨が鞍と馬を通り抜けて、地面にやさしく着くまで下がっていくのを想像してもらって下さい（図52参照）。

　このイメージが効果を表わすにしたがって、生徒の背中下部が長く柔らかくなるのを感じるでしょう。生徒もこれを感じるべきです。お尻と太ももの筋肉は、リラックスして柔らかくなるでしょう。その結果得られた解放を、生徒が自覚しているかを確認して下さい。生徒に自分の手で背

中を感じさせて下さい。

　もし生徒がエクササイズでつまずいたら、首をリラックスさせ、頭のバランスをとり、胸骨の後部の下の方を柔らかくして、センター（体の中心）に自分を置くように勧めて下さい。彼はおそらく、もう一度斜めの線について考え、背中下部を伸ばす必要があるでしょう。

　それでは、あなたの右肩が馬の左腰に来るように立ち、右手で生徒の足首を包みましょう（図53参照）。あなたの指は馬と反対方向を指して、生徒の足首に置かれるでしょう。このように抱えると、生徒の脚の外側が、ほんの少し前に回転するのを助けます。あなたがすべてやるから、何もしないでと説明して、上半身、背中下部、骨盤の位置とバランスを自覚するように求めて下さい。生徒は、自分が邪魔をしなければ、大転子はわずかに前に回転し、その位置にとどまることに気が付かなければなりません（図54aとb参照）。そして、脚全体を優しく後方に引いて下さい。初めの準備が正しければ、お尻は少しも鞍から持ち上がらないはずです。生徒の脚は、扶助で必要とされるより、もっと後方に来るでしょう。

　自分の体の能力を完全に自覚させるために、振り返って脚を見るように言って下さい。お尻、坐骨、股前部の太もも内側が、自分の騎座に含まれているという自覚があるか確認して下さい。

　次に、位置を変えて下さい。あなたは後ろを向き（あなたの左肩が馬の左側に来ます）、お尻から踵まで、外方扶助の良い形になるように生徒の脚を置きます。彼の踵後部のまわりに右手を、ブーツの爪先に左手の指を置き、軽く補助します（図55参照）。生徒に、水に沈んでいく石のように、踵が馬の後肢に向かって沈んでいくのを感じるように言って下さい。この状態が、膝から下がって馬の後駆をコントロールする間、お尻と坐骨が馬の背をコントロールする、素晴らしい外方の扶助なのだということを、生徒によく理解させて下さい。間違った外方の扶助では、坐骨とお尻が

鞍から持ち上がってしまうことを思い出させて下さい。

　注釈をつけ加えると、このエクササイズが正しく行われれば、緊張は解放され、その結果、骨盤の位置が変わって、大転子がもっと前方から下がるようになるでしょう。そのため生徒の脚は、馬の側面に平行に、またはそれに近くなるでしょう。

　次に、生徒の脚を普通の位置に置いて、下に向かって適度に軽く手で押しましょう（図56参照）。生徒に脚と足が地面に向かって沈むのを許すように言って下さい。彼がこれを難しく感じるようだったら、あなたはこの手引きの、最初の指示を繰り返す必要があるでしょう（首、頭、背中、斜めの線、仙骨）。それはまた、同じ側の脇の下を柔らかくする助けもします。これがすべて強制した動作ではなく、イメージを通じて行われると、生徒が驚くことに、通常2.5cm位、しばしば5cm近く、脚は下がるでしょう。この脚を下げ解放することは、繰り返し行えば、有効な内方の扶助になるということを指摘すべきです。太ももと膝が下がると、馬は背中でそれを感じるでしょう。そして鐙をはいて行うと、この動きは膝から下を下げ、馬体側面に沿わせるでしょう。

　一言アドバイス：無理に生徒の脚を後ろに引いてはいけません。あなたの接触は、新しい感覚を引き出し、重力の正しい使い方を教えるための補助にすぎません。あるインストラクターが、生徒の脚を力強く引っ張ったために、6カ月間も痛んだという恐ろしい話を思い出します。緊張に対抗して引っ張ることは、ひどいダメージを与える可能性があります。

　脚を伸ばすことの問題のひとつは、適度に行われれば、レッスンではいつでも脚を伸ばして欲しいと感じるほど、生徒が心地良く感じることです。生徒があなたから独立して、1人で行うのを助けるために、私が『インディアンになる』と呼んでいる、6章に説明したエクササイズを教えてあげて下さい。

翻訳者あとがき

　私が『CENTERED RIDING』を知ったのは8年ほど前、『倫敦厩舎日記』（文藝春秋）という本の中でした。イギリスに暮らす日本人女性が乗馬を学んでいく様子が、イギリスでの生活の楽しみなどをまじえながら素晴らしく語られている中に、著者の小風さちさんが出会って以来、馬術に関してはほとんどこの一冊を愛読していると、この本が紹介されていたのです。

　当時乗馬を始めて間もなかった私は、もともと運動神経が良い方ではなく、四苦八苦しながらレッスンを受けていたので、ほとんど救いを求めるような気持ちで本書を手に入れました。英語ですから少しずつ翻訳しては、乗馬の時に思い出していました。すると、上手く乗ろうと思わなくても、この本に書かれていることを行っているとスムーズに乗れたり、馬が良い反応を示すことが頻繁に起こるようになりました。また、レッスンで新しいことに挑戦する時や、つまずくようなことがある時、いつも本書が助けてくれました。

　今思い返せば本当に私らしいそそっかしい間違いだったのですが、『CENTERED RIDING』がイギリスの本だと思いこんでいた私は、数年前イギリスに行けばもっとこの本のことがわかるだろうと、グロースターシャーの厩舎に短期の乗馬留学をすることを決心しました。そこの先生には、この本は有名だけれどもアメリカの本だし私は詳しくないと言われてしまいがっかりしましたが、おかげでイギリスの素晴らしい馬文化にふれることができ、今ではとてもラッキーだったと思っています。この先生はなかなか厳しい先生だったのですが、この先生の指導を受けながら、内心『CENTERED RIDING』の教えを思い出し、行っていると、先生も不思議だと思うくらい指導に応えることができることがありました。この時、センタード・ライディングが従来の乗馬の指導と対立するものではなく、その理解を助けるものであるということを実感しました。

　昨年やっと本書の著者であるサリーさんが、バーモント州ブラットルボロで弟子のルシール・バンプさん経営の厩舎で教えていることをインターネットを通じて知り、実際のセンタード・ライディングを習いに行くことができました。メープルシロップのとれる木が沢山生えている裏の森に、ビーバーがダムをつくっているのどかなところで、十分放牧されておとなしい馬に乗り、サリーさん、ルシールさんにセンタード・ライディングを教わるのはとても平和な気分でした。当時サリーさんは87才、足が悪くがっちりした杖をついていましたが、レッスンを始めると目が輝き始め、声は通り、歯切れの良いレッスンは非常に説得力がありました。この時の経験をまとめたものを、雑誌『乗馬ライフ』〔オーシャンライフ（株）〕2000年10月号に掲載しました。興味のある方はお読みいただければと思います。

翻訳を少しずつ進めている頃、私と同じように『CENTERED RIDING』に魅せられて、ぜひ日本語版にしたいという人達に出会うことができました。井上昭成さん、椎名譲さん、土屋武さん、松丸則子さん、翻訳や編集作業のご協力、ありがとうございました。特に松丸さんには全章通して訳を直していただき、彼女の助けがなければ翻訳が完成することはなかったと思います。馬術用語は英語も日本語も難しく、訳にはまだまだ満足できない点もありますが、一刻も早く日本の乗馬ファンの方々にこの本を紹介したいという思いで発刊に至りました。今後みなさまからもご意見、ご指導をいただき、版を重ねることができれば幸いです。

　長い翻訳作業の中で、遠野・馬の里苑長である千葉幹夫先生には、常に暖かい激励の言葉をいただき、発刊にあたってもご尽力いただきました。そしてアニマル・メディア社の中森あづささんがつたない原稿から本書の魅力を理解し、取り上げてくれたおかげで、日本語版を発刊することができました。他にも多くの方々のご協力があってこの本ができました。この場を借りまして感謝の意を捧げたいと思います。

翻訳者代表　**阿部　二葉**

参考文献・サイト

- Centered Riding Inc..　センタード・ライディング社のホームページ（英語）
  http://www.centeredriding.org/
- ATA　アレクサンダー・アソシエイツ
  http://www.alexandertechnique.co.jp/
- 書籍「ボディ・ラーニング－わかりやすいアレクサンダー・テクニーク入門」
  マイケル・ゲルブ著／片桐ユズル・小野千栄訳／誠信書房

INDEX

索 引

ア
アキレス腱 69
顎 46, 48
脚
　伸ばす 49, 53〜56, 67, 72, 187〜189
　横運動 153〜157
　輪乗りと回転運動 104〜106, 108, 114
足 68, 72, 164, 166
足首 68〜69, 89, 101, 125, 164, 165
頭 46〜49
　馬の 5, 7, 86, 92, 153
　バランス 42, 53, 130
アレクサンダー・テクニーク 3, 48, 49, 53

イ
移行 86〜95, 89, 98, 118〜119, 178
インディアンになる 56, 189

ウ
ウォルター・クリスティンソン 103, 179
歌う 173
右脳 24, 74, 119, 160, 164, 182
馬
　頭 7, 23, 73, 86, 92, 153
　項 94, 139, 157
　快感・不快感 5〜8, 38, 61, 74
　肩 104, 120, 121, 123, 143, 153, 157, 158, 161
　球節 92, 139
　恐怖・怖がる 15, 173

口 85, 92
屈曲 104, 150, 161, 178
頸 63, 86, 92, 94, 121, 139, 143, 145, 153, 167, 169, 172
クレスト 167
ご褒美・ほめる 85, 118, 141, 159, 160, 174, 178
重心 61, 74, 118, 121, 143, 145, 166, 175
柔軟 178
神経組織 93
真直性 150
背 5〜6, 23, 86〜87, 92, 94, 121, 123, 125
センター 72〜74
怠ける 64, 75, 174
バランス 116〜119, 134, 148, 178
膝 92
飛節 92
表情 5, 136
不活発・無気力 23, 94
歩様・歩幅・ストライド
　5, 7, 23, 58, 64, 73〜74, 123, 143
耳 5, 7, 72, 136
目 5, 7, 72, 136
リズム 68, 146
リバランス 118〜119
若い 154, 158
馬の肢の動き
　移行 86〜89, 92, 118
　常歩 58, 61
　速歩 52, 68
　横運動 153, 155, 158〜161

INDEX

輪乗りと回転 104

エ

エクササイズ 38, 40, 43, 46, 47, 59, 64
   足の 38~39
   インディアンの 56
   馬の口を指す 78
   行い方 9
   回転運動の 107~113
   踵を上げる 100
   片手を上げる 62~63
   体を探索する 30~31
   軽速歩で 22
   ジムナスティック 166~171
   柔軟の 178
   バランスのための 70
   横運動の 159~160
エネルギー 30, 132~142
   回転運動の 112~114
   循環する 131, 138
   中心 17, 56,
   斜めに流れる 48, 72, 187
   跳ね返る 140~141, 146

オ

横隔膜 13, 45
お尻 33, 37, 55, 60, 108, 125, 131, 148, 165

カ

解剖学 32~50, 182
   横隔膜 13, 17, 45
   呼吸の 13
踵 69, 89, 130, 165
駈歩 5, 7, 12, 58, 64, 70, 94, 123, 125~131
肩 19, 43~45, 48, 66, 72, 77, 102, 111, 130
肩を内へ 161~163

キ

気 135~137
騎座 60~65, 76, 87, 93, 102, 123, 125, 165
球状関節 33
球節 92, 139
胸骨 43, 45, 46

ク

首 42, 46~47, 53
鞍 20~21
クレスト・リリース 167~170
グローイング 88, 89, 116

ケ

軽速歩 5, 7, 22, 51, 52, 66~75, 144, 146, 148

コ

股関節 33~35, 37, 49, 54, 62, 69, 89, 99, 102, 125, 126, 128, 148, 152, 170
呼吸 185
呼吸法 13, 22, 67, 108, 137, 150
   障害飛越における 164, 173
心の中にあるビデオ 26, 37, 92, 114, 123, 130, 147, 152, 163, 164, 182, 185
骨盤 17, 33~38, 51, 66, 67, 98~99, 162
拳 76~85, 88, 93, 144, 148
   輪乗りと回転 107~108

サ

サイレス・E・ダーリン 57
鎖骨 43, 44, 45, 47
坐骨 33, 37, 51, 60, 98, 106, 125, 128~129, 155, 161, 188
左脳 24, 147, 182

INDEX

シ
自覚 30~31, 63, 137
実演
    前肢旋回の 154
    手綱の 141
集中 28
主脚 151, 157
障害飛越 111, 164~177

セ
脊椎 17, 33, 41
セルフキャリッジ 119~124, 161
仙骨 33, 37, 48, 54, 56, 98, 187
前肢旋回 153~156
センター 58, 68, 89, 121, 132, 148
    位置 17, 72
    馬の 72
    エネルギーの源としての 17, 56, 112
    熟考する 56
センタード・スキーヤー 4, 14
洗濯ばさみ 88
センタリング 17~19, 22

ソ
ソフトアイ 10~12, 22, 52, 59, 66, 101, 108, 137, 146, 150, 152, 155, 164, 182, 185
    呼吸法への 18
    センタリングへの 18
    フラットワークへの 111

タ
太極拳 132
体重の帯 61
大腿骨 33~37, 60
大転子 33, 35, 188, 189

手綱
    外方 105, 108, 158, 161
    内方 105, 114, 157, 158
    にぎる 78~83
    輪乗りと回転運動 105, 110, 114

チ
恥骨 17, 41, 47
チャールズ・ド・クンフィー 76
腸骨 35
調馬索 70, 96

ツ
爪先 39, 48, 55, 166

テ
デニー・エマーソン 12, 179

ト
床屋の円柱 108

ナ
斜めの線 71, 187
斜横歩 157~160, 179
常歩 58~65
軟骨 45

ニ
ニュートン 132

ハ
ハードアイ 10, 26
バスキュール 169
馬場馬術 1, 9, 43, 76, 110, 136, 184
速歩 5, 38, 64, 96~103, 160, 162, 167, 179

INDEX

バランス 2, 51~57, 141
    頭と首の 42, 46~47, 53, 130
    馬の 116~117, 148, 178
    水平 51
    胴の 51, 108, 151, 157, 164~166
    半停止と 116~119
バランスバック 89
ハリー・ボルト 102
半停止 116~119, 130, 143, 146, 148

ヒ

ビーチボール 107
ピアノ 65, 69, 162
膝 38, 67, 68, 72, 125, 128, 164, 165
肘 8, 76
飛節 92, 139, 172
皮膚
    馬と共通の 62, 181

フ

武道 4, 132
太もも 37, 59, 106
船のマスト 107
プライマリー・コントロール 48
フラットワーク
    鐙革の長さ 20
    スリーポイントの騎座 61
    のためのソフトアイ 111
    のためのブロック積み 19
フレーム 122, 178
ブロック積み 19~22, 66, 71, 141, 163, 186
    障害飛越姿勢の 164

ヘ

平行四辺形 71~72
    馬体の形 119~120

ベティー・エドワーズ『脳の右側で描け』 28
蛇乗り 105, 110, 114, 179

ホ

ホースパーソン 23, 75, 137, 170, 181

マ

前屈み 41, 45

ミ

短い脚 59, 88, 97, 105~106, 108, 126, 148, 152

ム

向こうずね 38

メ

目 10~12, 46
    馬の 5, 7, 105, 136
    胸にある 110~111

ヨ

横運動 150~163, 179
4つの基本 10~23

レ

礼 186

ロ

漏斗 112
肋骨 13~14, 41, 42, 45~46, 111

ワ

輪乗り 7, 11, 24, 26, 52, 73, 104~115, 143, 151, 159, 162, 178, 179, 181, 183, 185

〈プロフィール〉

監修者・渡辺　弘
日本中央競馬会馬事部主席調査役
フランス国立乗馬学校留学、アメリカ、イギリスにおいて総合馬術訓練を受ける。
ソウルオリンピック総合馬術競技に参加し、バルセロナ、アトランタ、シドニーの各オリンピックにおいてコーチを務める。

翻訳者・阿部　二葉
デザインスタジオ「馬工房」デザイナー
本業のかたわら趣味の乗馬に没頭し、アメリカ、イギリス、ドイツに短期ステイを繰り返し、乗馬や厩舎管理を学んでいる。
現在、日本における楽しい乗馬の形を模索している。

センタード・ライディング

2001年11月30日　第1版第1刷発行
2015年9月25日　第1版第4刷発行

著　者　Sally Swift
監修者　渡辺　弘
翻訳者　阿部　二葉
発行者　清水　嘉照
発　行　株式会社アニマル・メディア社
　　　　〒113-0034　東京都文京区湯島2-12-5　湯島ビルド3階
　　　　TEL 03-3818-8501
　　　　FAX 03-3818-8502
　　　　http://www.animalmedia.co.jp/

ISBN　4-901071-06-8　　©FUTABA ABE 2001　　printed in Japan

本書の無断複製・転載を禁じます。定価はカバーに表示してあります。
万一、乱丁、落丁などの不良品がございましたら、小社あてにお送り下さい、送料小社負担にてお取り替えいたします。